LE BIENHEUREUX

# LAURENT DE RIPAFRATTA

DE L'ORDRE DES FRÈRES PRÊCHEURS



PAR

MARGUERITE DE WARESQUIEL

PARIS
LIBRAIRIE LETHIELLEUX
22, RUE CASSETTE

1907

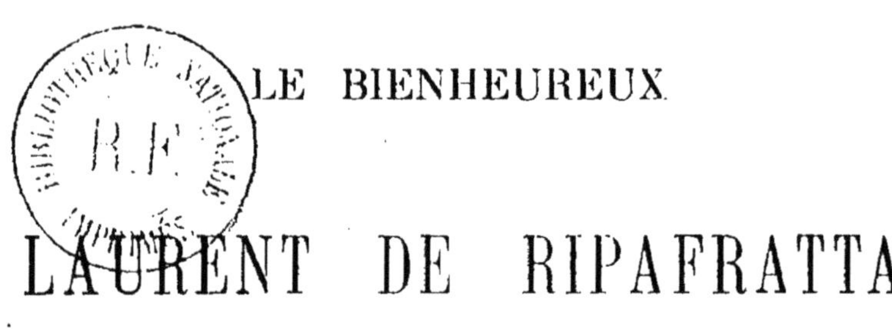

# LE BIENHEUREUX

# LAURENT DE RIPAFRATTA

## DE L'ORDRE DES FRÈRES PRÊCHEURS

LE BIENHEUREUX

# LAURENT DE RIPAFRATTA

DE L'ORDRE DES FRÈRES PRÊCHEURS

PAR

Marguerite de WARESQUIEL

PARIS
LIBRAIRIE LETHIELLEUX
22, rue Cassette

—

1907

A LA MÉMOIRE

DE MON ONCLE

M. Georges ROHAULT DE FLEURY

B. LAURENTIUS A RIPAFRACTA

Conf. Ord. Præd.

# PRÉFACE

*Hâvre, 14 Janvier 1907,*

*50, Rue des Gobelins.*

MADEMOISELLE,

Je suis très touché et très édifié de votre zèle à étudier et à faire connaître les vies de nos Bienheureux, fleurs modestes qui embaument le jardin spirituel de notre Ordre, dont nos grands Saints et nos grandes Saintes sont le principal et glorieux ornement.

La pieuse reconnaissance de nos pères a

recueilli, dans de volumineux ouvrages, les souvenirs de sainteté des religieux et religieuses qui ont édifié le monde chrétien et illustré l'Ordre de Saint Dominique. Mais ces ouvrages sont rares et à la portée d'un petit nombre de lecteurs. Vous avez voulu, et je vous en remercie, mettre sous les yeux d'un plus grand nombre les richesses de l'hagiographie dominicaine.

De là les charmants et intéressants opuscules que vous avez publiés depuis plusieurs années :

*Les Abeilles mystiques de Thomas de Cantimpré ;*

*Deux Frères Prêcheurs à l'époque des origines ;*

*Le B. Humbert de Romans ;*

*Le B. Jean de Verceil ;*

*Le B. Jacques de Voragine ;*

*Le B. Barthélemy de Brégance.*

Aujourd'hui vous présentez au public le *B. Laurent de Ripafratta*, dont la figure brille au sein de cette phalange de moines illustres qui jettent un dernier éclat sur la fin du moyen-âge.

Doux et mélancolique ascète, le B. Laurent fut un zélé continuateur des restaurateurs de la stricte observance dans l'Ordre des Frères Prêcheurs. Ami de la science et des arts, il sut deviner le génie de saint Antonin et de Fra Angelico, dont il fut le maître spirituel et eut l'honneur de les préparer à leur glorieuse destinée. Mais sa plus pure gloire fut d'être l'évangélisateur des petits et des pauvres et de faire rayonner jusqu'aux dernières années de sa longue vie sa foi et son amour dans les plus humbles bourgades de la Toscane et de l'Ombrie.

Les miracles ont illustré son tombeau. La reconnaissance et la vénération des peuples ont honoré sa mémoire d'un culte public auquel l'Église a donné, par la bouche de Pie IX, une solennelle consécration.

Je loue sans réserve votre scrupuleuse recherche de la vérité historique. En contentant les esprits sérieux, avides de cette vérité, vos opuscules seront parfaits si vous multipliez et mettez plus en relief certains traits merveilleux et édifiants de la vie de nos Bienheureux, propres à toucher les cœurs et à inspirer aux âmes pieuses le désir de la perfection chrétienne et religieuse.

Que Dieu vous bénisse et vous fasse la grâce d'accroître le nombre de vos œuvres pour sa gloire, l'honneur de notre Saint Ordre et le bien des âmes.

C'est le vœu de votre très humble et très dévoué frère en S. D.

Fr J. M. L. MONSABRÉ.

---

# AVANT-PROPOS

Parmi les moines dont l'hagiographie dominicaine conserve un glorieux souvenir, il en est un dont la longue carrière laisse une impression de grandeur. Devant la tombe, à peine fermée et déjà miraculeuse du Bienheureux Laurent de Ripafratta, Saint Antonin jeta vers le ciel ce cri de douleur et d'enthousiasme : « Qui me donnera une source de larmes pour pleurer jour et nuit la perte de notre maître, notre docteur et notre Père !... Qui fut plus pauvre et plus humble ? Qui donc surpassa sa pureté de corps et d'esprit ? Que de discordes n'a-t-il pas apaisées, quels malades n'a-t-il pas visités et qui donc s'éloignait de lui sans être consolé !» Ces ardentes paroles de l'archevêque de Florence, nous les offrons comme le prologue et le thème de cette courte monographie.

La vie du Bienheureux Laurent de Ripafratta embrasse le déclin du moyen âge, période grave dans les destinées de l'humanité. Paisible sous les silencieux portiques de son cloître, notre Saint domine les évènements et assiste durant près d'un siècle à cette évolution des esprits qui prépare, par une lente élaboration, les progrès de la civilisation moderne. Chaque année voit éclore des conceptions nouvelles. Le verbe ingénu des légendaires s'éteint, la foi robuste et conquérante disparait ainsi que les poésies de la chevalerie et du divin amour. La fin du moyen âge voit déchoir la scolastique et fleurir la mystique sous sa double forme spéculative et pratique.

L'état politique et moral de la société européenne subit à son tour des évolutions fort curieuses, contrastant singulièrement avec les principes des siècles révolus. La royauté, dégagée de ses entraves, s'avance d'un pas lent mais sûr vers l'autocratie. Les États de l'Église luttent pour recouvrer leur indépendance.

Dépouillé de sa souveraineté le pontife d'Avignon n'est plus un chef obéi. Son autorité, asservie aux ambitieux caprices des cours étrangères, demeure paralysée. Le niveau de la vie morale s'abaisse, la peste dévaste les cloîtres ; l'anarchie règne dans le clergé et dans les monastères.

L'Église, au milieu de ces défaillances et de ces ruines accumulées, ne cesse pourtant de produire des saints et le martyrologe dominicain mentionne vingt-cinq de ces âmes héroïques durant cette désastreuse période. Parmi cette phalange de moines illustres qui jettent un dernier éclat sur la fin du moyen âge, se dresse la douce figure du B. Laurent de Ripafratta, apôtre des humbles et restaurateur de de la stricte observance. Maître des novices de S. Antonin et de Fra Angelico, il eut l'intuition de leur génie et c'est à lui que revient l'honneur de les avoir guidés dans la voie de leurs immortelles destinées. Apôtre populaire, le B. Laurent ne figure pas au nombre des orateurs célèbres du moyen âge. Il rêva une gloire plus pure, celle d'évangéliser les pauvres. C'est donc dans les humbles bourgades de la Toscane et de l'Ombrie que nous assisterons au plein rayonnement de sa foi et de son amour.

Qu'on ne croie pas toutefois à un panégyrique. C'est une simple compilation de documents hagiographiques que nous présentons au lecteur, mais avec le souci de mettre surtout en lumière les sources primitives, et de conserver aux textes, avec leur rudesse native, leur saveur originale.

*Paris, 4 Août 1906.*

# CHAPITRE PREMIER

## RIPAFRATTA.

## ORIGINE DU B. LAURENT.

## ENFANCE.

La Toscane, patrie du B. Laurent, évoque tout un idéal de séduction, de poésie et de génie puissant. Le climat est doux, les plaines sont fertiles, les moissons luxuriantes, les monuments grandioses, enrichis de chefs-d'œuvre, les villes hérissées de tours, gardiennes jalouses de leur indépendance.

Parmi les édifices Toscans, le château de Ripafratta offre un des types les plus curieux d'une forteresse au moyen âge. Bien que tombant en ruine, il apparait encore, sombre et menaçant, avec son fier donjon. La bourgade qu'il domine, baignée par les eaux du Serchio, compte à peine aujourd'hui seize cents habitants.

M. Georges Rohault de Fleury, dans ses lettres sur l'architecture civile et militaire de la Toscane au moyen âge, publiées en 1874, consacre quelques pages à Ripafratta. Nous en offrons des extraits dont l'intérêt nous semble d'autant plus vif que les ruines accumulées depuis cette époque ne permettent plus d'en faire aucune description : « A droite on voit, dit-il, la tour de Centino qui commande le débouché ; à gauche la tour de Roncioni se dresse au-dessus du treillis vaporeux des oliviers. Le paysage à l'entour est agreste et accompagne gracieusement les monuments militaires qui le dominent. Près de l'entrée et pour la défendre s'élève, à l'intérieur du château une tour reliée aux courtines. Le pont levis abaissé, on pénètre dans une vaste cour. Au centre, un donjon isolé se dresse pour offrir un dernier refuge aux assiégés repoussés de l'enceinte ; tout autour, des murailles gigantesques qui semblent jalouses d'écarter le soleil de ce sombre enclos. L'accès du donjon n'est pas facile, et pour lui donner une plus grande force si le château était vaincu, on a placé la porte à seize bras de hauteur. Les solives du plancher, portées sur *mensole* sont mobiles et peuvent être précipitées sur l'agresseur qui aurait l'audace de s'en approcher. Cette tour a été témoin de scènes héroïques. L'histoire de Ripafratta se perd dans la nuit des temps. Le château appartenait jadis aux *Roncioni ;*

désignés dès 970 sous le nom de « Nobili di Ripafratta [1] ».

L'origine du B. Laurent demeure fort contestée. L'année dominicaine le présente comme un des rejetons des Roncioni, mais cette affirmation ne se base sur aucun document et n'a laissé nulle trace dans les archives de cette illustre famille. Quelques auteurs fort compétents ont émis une opinion contraire. Selon eux notre Saint serait le fils d'un noble Pisan, seigneur de Ripafratta. Mais, ici encore il importe de constater que cette assertion ne repose sur aucune charte contemporaine et ne saurait être admise qu'à titre de simple hypothèse.

Au milieu de ces divergences une conclusion s'impose, celle qui ressort de la compilation des écrits hagiographiques relatifs à cette question. Or, il suffit de les compulser pour acquérir la conviction que notre Saint était issu, sinon des Roncioni ou des seigneurs de Ripafratta, du moins d'une famille noble résidant dans la forteresse.

---

1. G. Rohault de Fleury. La Toscane au moyen âge T. I, p. 63.

Le lieu de la naissance du B. Laurent, bien qu'il ait soulevé d'étranges objections, demeure incontestable, car il s'appuie sur les graves attestations des auteurs de l'Ordre. S. Antonin, Tægius, Léandre Albert, Razzi, Pio, Fontana affirment à l'unanimité que notre Saint naquit à Ripafratta. Les annales du couvent de Sainte-Catherine de Pise ne laissent aucun doute à cet égard. Dans la nomenclature des Frères Prêcheurs il se trouve mentionné par ces mots : « B. Laurentius a Ripafracta ». Cette opinion est d'ailleurs conforme à l'usage établi dans les cloîtres au moyen âge, lequel prescrivait aux moines de joindre à leur nom de religion, celui de leur pays natal.

La date de la naissance du B. Laurent est assignée par les hagiographes au 24 mars 1359. Ils se basent sur l'inscription de la pierre sépulcrale laquelle atteste qu'il mourut le 28 septembre 1457 à l'âge de quatre-vingt-dix-huit ans et six mois. Toutefois cette date semble rencontrer une sérieuse objection dans un texte de S. Antonin. Celui-ci, parlant du B. Laurent, rapporte dans sa chronique qu'il mourut à quatre-vingts ans et plus... « Octogenarius et ultra... » Ce fait, il le confirme en déclarant qu'il prit l'habit dominicain à vingt ans et qu'il vécut soixante années dans la profession religieuse « anno ætatis suæ vigesimo vel circa... per sexaginta annos desudans in dominica vinea ad excolendum eam [1] ».

Ce texte de S. Antonin, pour qui l'approfondit sérieusement, offre au point de vue chronologique, des invraisemblances qu'il est important de signaler. D'après lui, le B. Laurent, né en 1377, n'aurait pris l'habit des Frères Prêcheurs qu'en 1397. Or, à cette époque, on le considérait déjà dans l'Ordre comme un Religieux d'une grande expérience et un puissant auxiliaire de Jean Dominici. La chronique de l'archevêque de Florence, en lui enlevant vingt années, détruit d'un seul coup ses premiers travaux d'apostolat et la glorieuse part qu'il prit à la Réforme. Peut-on admettre qu'un jeune moine de vingt-trois ans ait eu assez d'expérience pour coopérer à une œuvre si importante et surtout pour assumer la responsabilité de former un noviciat de stricte observance ? Cette objection, qui ressort de la chronique de S. Antonin ne peut être passée sous silence au point de vue de l'intégrité de l'histoire, bien que les hagiographes n'en

1. Chronic. Pars III, T. IV, p. XXIII.

fassent aucune mention. On est surpris de leur commun mutisme à cet égard. Le Père Vincent Marchese seul fait allusion à ce texte. Toutefois, malgré sa compétence, il semble éviter de trancher la question et se rallie à l'opinion générale en faveur de la date du 24 mars 1359.

Le B. Laurent fut élevé au manoir de Ripafratta, à l'ombre du donjon féodal. Au bruit des armes se mêla sans doute la voix du petit enfant, se livrant à ses joyeux ébats ou apprenant de quelque noble matrone à doucement chanter les hymnes de l'amour divin. C'est donc dans une atmosphère toute militaire et dans un foyer austère que notre Saint se forma dès ses jeunes années aux vertus évangéliques qu'il devait pratiquer jusqu'à l'héroïsme pendant près d'un siècle.

Le Père Marchese constate le silence des auteurs contemporains relativement aux parents du B. Laurent, puis il ajoute dans le style poétique qui lui est familier que : « semblables à ces belles tiges productrices de fleurs rares, ceux qui donnèrent le jour à ce lis de sainteté devaient être des modèles admirables de vertu [1]. »

1. P. Vincenzio Marchese, Cenni Storici del B. Lorenzo da Ripafratta, p. 5.

Il serait intéressant de suivre le développement harmonieux des facultés morales et intellectuelles du B. Laurent, de surpendre les ingénus aveux de sa conscience, de connaître l'heure où il reçut pour la première fois l'Eucharistie, heure divine, heure unique où tout tressaille dans le cœur de l'enfant. Mais cet éveil de l'idéal, ainsi que nous l'avons déjà constaté, touche très peu les vieux auteurs. Sans entrer dans aucun détail, ils en font ce simple éloge qui se trouve reproduit dans leurs récits d'une manière presque identique. « Dès son enfance le B. Laurent fut simple et droit. Il conserva toujours son innocence et se montra dès ses jeunes années plein d'amour pour le bien et d'éloignement pour le mal ». Avec S. Antonin son caractère se dessine davantage. Ce qu'il admire dans son incomparable maître, c'est une pureté surnaturelle et idéale qu'il déclare ne pouvoir être comparée « qu'au lis le plus embaumé ». L'archevêque de Florence, après avoir salué en lui la vertu des anges, comme trait saillant de sa vie morale, le dépeint ensuite « comme un modèle dans le travail, supportant dès son enfance le labeur quotidien courageusement et avec allégresse ».

Les chroniques dominicaines rapportent

que le B. Laurent ayant manifesté de rares aptitudes pour les sciences, ses parents résolurent de lui donner une haute culture intellectuelle, digne de son rang. Vers l'an 1372 le jeune seigneur de Ripafratta vint donc suivre à l'Université de Pise les cours des grammairiens et des rhéteurs

# CHAPITRE II

## VOCATION DOMINICAINE.

## LE COUVENT DE SAINTE-CATHERINE.

## NOVICIAT.

Lorsque l'on envisage la situation lamentable de l'Église, l'anarchie des Républiques italiennes et l'abaissement de la vie morale à cette époque, on conçoit aisément le généreux élan qui poussait les âmes pures vers l'idéal chrétien. Le B. Laurent compte parmi ces âmes privilégiées. Prévenu par les tendresses divines, il semble avoir, dès ses jeunes années, sondé les problèmes angoissants de la destinée humaine et ressenti dès lors un vague désir d'apostolat et d'immolation volontaire. Le Père Marchese rapporte « que son seul but, en quittant le château de Ripafratta et en venant étudier à Pise, était de se consacrer au ministère ecclésiastique. Il est certain, ajoute-t-il, que vers l'âge de vingt ans, il était déjà revêtu du sous-diaconat [1]. » On peut donc admettre, à titre de probabilité historique, basée sur la chronologie, que notre Saint reçut les Ordres Mineurs pendant l'épiscopat de Francesco Maricotti di Vico, créé Cardinal vers 1378.

Laurent de Ripafratta ne trouva pas dans les rangs du clergé l'idéal qu'il rêvait et les débuts de sa vocation furent remplis d'amertume et de déceptions. Les prélats eux-mêmes offraient alors le spectacle des plus lamentables défaillances. Les auteurs contemporains en font foi et les saints eux-mêmes ne craignent pas de flageller les vices de ces prêtres dégénérés. Sainte-Catherine de Sienne, dans son fier langage, attribue la révolte des Florentins « aux exactions que leur font subir les mauvais prêtres. L'orgueil, l'avarice abondent aujourd'hui dans le monde, écrit-elle à cette époque, même parmi les prélats de la sainte Église. Non seulement ils ne convertissent pas les âmes, mais ils les dévorent à cause de l'amour immodéré qu'ils ont pour eux-mêmes et qui engendre l'orgueil, la cupidité, l'avarice

1. P. V. Marchese. Cenni storici del B. Lorenzo da Ripafratta, p. 6.

et toutes les souillures de leur corps et de leur esprit [1].»

Le B. Laurent possédait évidemment une trop haute intelligence pour se troubler de ces imperfections inhérentes à la fragilité humaine, mais au milieu de ce chaos, tout désolait son cœur, épris des joies mystérieuses du sacrifice. Or, parmi les ruines causées par la peste et aggravées par le schisme, un Ordre religieux, celui des Frères Prêcheurs, tentait alors un suprême effort pour restaurer la primitive observance. L'âge d'or de l'Institut était loin, il est vrai, mais combien glorieux son passé ! Sans doute S. Dominique, celui dont la sagesse reflétait, au dire de Dante, « la splendeur des chérubins, » avait disparu. Sans doute le Docteur Angélique, cet immense penseur n'était plus, mais sa vaste encyclopédie, merveilleuse alliance de la scolastique et de la mystique, demeurait vivante et immortelle. Oui, l'héritage était glorieux et au milieu des défaillances aggravées par les calamités publiques, l'Ordre voyait surgir dans son sein de nobles champions pour la Réforme.

---

1. R. P. Capecelatro. Histoire de Ste-Catherine de Sienne, p. 190.

Le B. Laurent suivait sans doute avec enthousiasme le progrès de ce mouvement en faveur de la stricte observance. Sainte-Catherine de Sienne et Jean Dominici, qui en furent les promoteurs, remuaient alors la ville de Pise, l'une par ses miracles, l'autre par ses prédications. Comment le cœur jeune et pur de notre Saint, ouvert aux nobles aspirations, n'aurait-il pas tressailli devant les merveilles opérées par la Vierge de Sienne durant son séjour à Pise en 1375 ? « Précédée d'une réputation de sainteté inouïe, Catherine entre en triomphe dans l'antique cité. Elle voit se presser autour d'elle, au dire de son biographe, toutes les autorités civiles et religieuses ainsi qu'une immense foule de fidèles. » Cafferini rapporte « qu'un grand nombre d'ermites et de religieux vinrent la consulter, afin d'apprendre d'elle les choses de l'âme ». Elle opéra plusieurs miracles, confondit les savants par ses arguments scolastiques, et vécut à Pise dans des extases continuelles. Un jour elle tomba foudroyée, environnée d'une lumière étincelante et portant les stigmates de son Bien-Aimé. Nul ne peut douter que ces prodiges n'aient exalté l'imagination du B. Laurent et enflammé les désirs de son cœur.

Le B. Jean Dominici exerça-t-il sur lui son charme fascinateur ? On raconte qu'il prêchait alors dans les villes de Toscane et que son influence sur la jeunesse faisait trembler les nobles matrones et les forçait à cacher leurs enfants. Lui-même, dans une lettre adressée aux Sœurs Prêcheresses de Venise fait allusion, quelques années après, aux surnoms qu'on lui donnait alors. Il les énumère ainsi, non sans une pointe de malice : « Rapitore delle donzelle, seduttore dei giovinetti, ladrone delle vedove ». Sa puissance de conviction était si prodigieuse qu'on l'appela « le *Ravisseur* des âmes ». Nul n'échappait aux charmes de son éloquence et tout porte à croire que le B. Laurent subit à son tour cet étrange ascendant. Disant un éternel adieu au monde, il entra au couvent de sainte Catherine en 1379, ainsi que l'atteste ce document. « Laurentius a Ripafracta, fama sanctitatis notus et miraculis clarus, licet in Ecclesia Pistoriensi, iaceat, filius tamen est nostri conventus [1] ».

Nous offrons une restauration de ce couvent, œuvre inédite de M. Georges Rohault de

1. Annalium Conv. Sanctæ Katharinæ Pisani Ord. Praedic. Lib. I.

Fleury, ainsi que le texte suivant dans lequel il en retrace les origines : « On ne peut affirmer, dit-il, que S. Dominique vint à Pise, mais il est probable que ses Fils s'y établirent aussitôt après sa mort. Le Patriarche avait désigné pour cette fondation Fr. Uguccione Sardo auquel, de sa propre main, il avait donné l'habit de l'Ordre. Cet éminent Religieux était fils de Maria Sarda qui lui donna le jour durant une traversée qu'elle faisait pour aller de la Sardaigne à Pise. Riche, noble et fort pieuse, elle dota la ville de deux églises, l'une dédiée à S. Antoine et l'autre, dont elle fit présent à son fils, à la vierge Ste-Catherine. Ce dernier édifice occupait l'emplacement de la sacristie actuelle et une partie du presbytère. Quelques auteurs prétendent qu'il s'élevait à la place de la chapelle du Rosaire, dont l'accès donne sur une rue, correspondant à la place et que les Pères achetèrent pour en faire leur cimetière.

« De longues années se passèrent avant que ce modeste sanctuaire fût remplacé par la belle église qui est une des gloires monumentales de Pise. On la commença en 1252. Nicolas de Pise donna les dessins et son élève Guiglielmo se chargea de les faire exécuter. La

Vue générale du Couvent de sainte Catherine.
(Gravure inédite de M. G. Rohault de Fleury.)

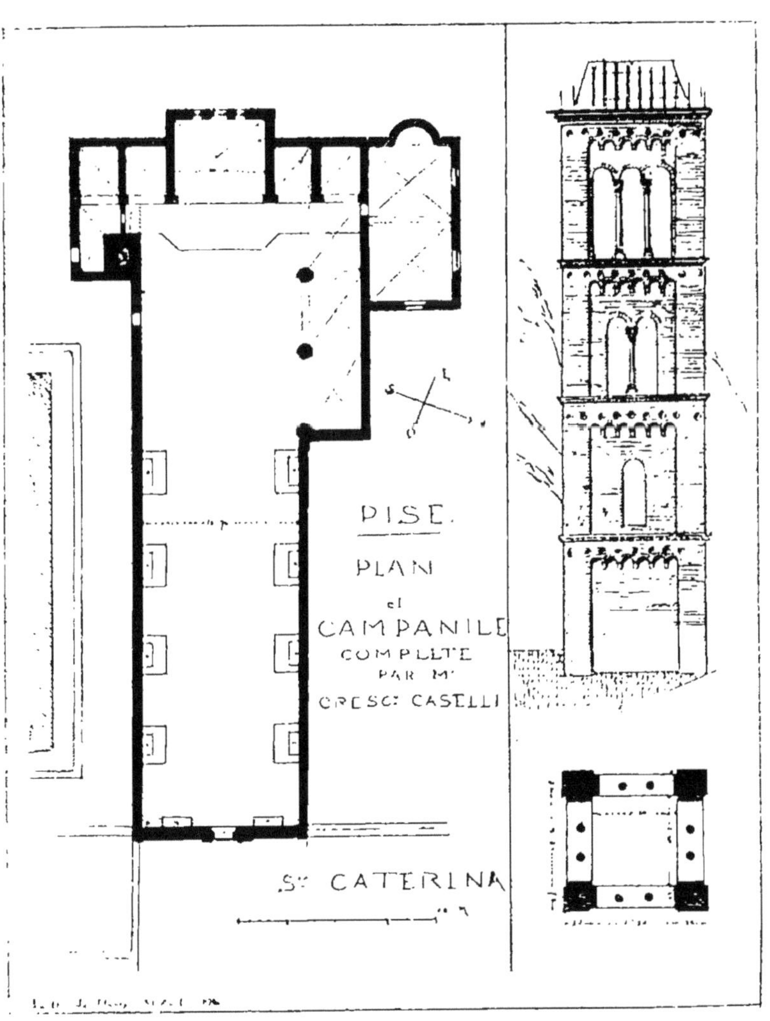


Plan et Campanile du Couvent de sainte Catherine.
(Gravure inédite de M. G. Rohault de Fleury.)

chronique du couvent ne prononce pas son surnom d'Agnello, qui peut provenir de ses armoiries, lesquelles représentaient un agneau sur fond blanc. Guiglielmo entra en 1297 dans l'Institut des Frères Prêcheurs de Ste-Catherine et travailla lui-même au campanile.

« Les seigneurs de la ville voulurent contribuer à l'entreprise. Parmi eux, on cite les noms de la Vacca et de Benigno. Les membres de la famille Guarlandi concédèrent aux ouvriers la faculté d'extraire d'une carrière du mont Pisan, dont ils étaient possesseurs, tout le marbre qui était jugé nécessaire à l'exécution des travaux. Une inscription, destinée à perpétuer le souvenir de ce don fut placée sur la façade de l'église.

« Parmi les hôtes qui illustrèrent le cloître de ce célèbre couvent, on peut citer S. Thomas d'Aquin. Il figure parmi les Lecteurs et l'on vénère encore la chaire dans laquelle prêchait le Docteur Angélique. [1] »

« La première année du XIVe siècle vit commencer le magnifique cloître de marbre, dont l'auteur serait, d'après les chroniques, l'évêque

1. Georges Rohault de Fleury. Toscana Domenicana mms. inédit.

Bartolomeo di Cantone. Ce monument, unique dans son genre, qui rivalisait peut-être avec les portiques du Campo Santo, a été remplacé par le séminaire épiscopal et il ne reste plus aucun vestige qui puisse en rappeler le style architectural [1]. »

Le couvent de Sainte-Catherine connut des jours glorieux au XIV^e siècle. Parmi les Religieux dont l'érudition et la sainteté ont laissé un souvenir inoubliable dans les annales de l'Ordre, on doit mentionner Simon Sartarello, devenu archevêque de Pise en 1323, auquel ses Frères ont élevé le magnifique mausolée dont nous donnons une reproduction, puis Jourdain de Rivalta, Fr. Dominique Cavalca et Fr. Barthélemy de San Concordio. (Année dominicaine).

Le Père Dominique de Peccioli exerçait en 1379 les fonctions de Maître des novices. Sa vertu égalait son érudition. Ardent au travail, il l'exigeait de ses disciples comme base de la vie religieuse : « Que personne ne puisse vous entraîner à le négliger, disait-il à la B. Claire de Pise, sa fille spirituelle, car le loisir dans

---

1. Georges Rohault de Fleury. Toscana Domenicana mms. inédit.

(Ed[ne] Alinari) Pisa. Chiesa di S. Caterina. Monumento à Simone Sartarello (Nino Pisano).

(Ed^ne Alinari) Chiesa di S. Caterina. Monumento a Gherardo di Simone di Compagno (1400?).

le cloître, sans l'obligation des études, c'est l'ensevelissement du moine en pleine vie. »

Le B. Laurent vint donc humblement se prosterner aux pieds de cet éminent Religieux, sollicitant d'une voix émue la miséricorde de Dieu et celle de l'Ordre auquel il voulait consacrer sa vie. Le jeune seigneur de Ripafratta fut sans doute relevé avec tendresse par le Père Dominique de Peccioli et celui-ci dut grandement se réjouir de le compter parmi ses novices, à cause de sa réputation de science et de vertu.

Dès lors le B. Laurent disparaît aux yeux du monde. On le conduit dans une étroite cellule où, par un silencieux labeur, il se rendra digne du ministère apostolique. Les études étaient d'autant plus fortes à Pise à cette époque que le *Studium generale* de la Province venait d'être transféré du couvent de Florence à celui de sainte Catherine. Jean Dominici et Frederic Frezzi y figurent à titre de Lecteurs. Le cycle des études dans les cloîtres dominicains se divisait alors en trois périodes. La première comprenait le *studium artium*, c'est-à-dire la grammaire, la rhétorique, la logique. La seconde ou *studium naturalium* embrassait la philosophie morale et naturelle, la métaphysique et l'éthique. Enfin la troisième sous le nom de *studium Bibliæ* était entièrement consacrée à l'exégèse et à la patrologie.

Laurent de Ripafratta apportait au cloître de brillantes qualités morales et intellectuelles. S. Antonin les énumère avec une puissance d'expression qui atteint parfois une réelle grandeur. « C'était, dit-il, un observateur zélé des constitutions, type parfait de la perfection religieuse, exemple d'assiduité dans l'étude des choses utiles, de préférence aux curieuses subtilités, travaillant à la vigne du Seigneur, supportant avec allégresse, sans se lasser jamais, d'innombrables fatigues pour l'amour de Dieu ».

A cet héroïsme quotidien vint se joindre l'auréole de la science sacrée. Le jeune Religieux réalisa pleinement les enseignements du Père Dominique de Peccioli. Celui-ci avait coutume de répéter à ses novices : « N'oubliez jamais ceci. Bien peu dans notre Ordre sont devenus des saints qui ne fussent, en même temps, des savants. » Fidèle au précepte de son vénérable maître, le B. Laurent à l'aube de sa vie religieuse, s'absorba tout entier dans les études exégétiques et l'interprétation mystique qu'il en donna bientôt fut si profonde qu'il mérita le titre d'« *Arche du Testament* ». S. Antonin, continuant son pieux panégyrique ne craint pas de le comparer en cela au grand apôtre. « S. Paul, dit-il, est appelé un vase d'élection parce qu'il renfermait le trésor des saintes Lettres et le B. Laurent méditait jour et nuit la loi du Seigneur, pénétrant toutes les obscurités et les secrets des Saintes Écritures. »

Les annales dominicaines ne mentionnent pas la date de la profession religieuse de notre Saint, mais conformément à la législation en vigueur à cette époque, laquelle exigeait une année de noviciat, on peut la placer en 1380. La cérémonie, empreinte de cet esprit chevaleresque du moyen âge, est la même depuis l'origine, imposante dans sa simplicité et comme le symbole et le prélude des héroïques renoncements de la vie religieuse. La date de l'ordination du B. Laurent ne peut être fixée d'une manière précise, les Constitutions n'ayant encore promulgué aucun décret à cette époque ; toutefois on peut émettre l'opinion qu'il reçut la prêtrise vers 1382, sans doute pendant l'épiscopat de Barnabé de'marchesi Malaspina.

Laurent de Ripafratta, revêtu du sacerdoce

était mûr pour l'œuvre de la Réforme. Le rêve, évoqué dès son enfance, ne consistait pas à ses yeux en un idéal spéculatif. On le vit donc, au lendemain de ses enivrantes fiançailles avec le ciel, se ressaisir et se consacrer pleinement aux devoirs de sa vocation. Dès lors il apparaît dans l'histoire des Frères Prêcheurs, comme orateur, exégète et ardent promoteur de l'observance claustrale, œuvre considérable à laquelle sa précoce sagesse semblait le prédestiner.

## CHAPITRE III

LA RÉFORME. — JEAN DOMINICI.

CITTA DI CASTELLO. — RAYMOND DE CAPOUE.

Laurent de Ripafratta figure donc dans les annales dominicaines comme l'un des plus ardents champions de la Réforme.

L'Église et les Ordres monastiques traversaient alors une phase fort critique et les dissensions religieuses atteignaient leur paroxysme. « L'ambitieux cardinal Robert de Genève avait pris le nom et les insignes du Pontificat, dont il disputait la possession à Urbain VI. Il inaugurait ainsi cette ère douloureuse du schisme d'Occident qui affaiblit la Foi, corrompit les mœurs et ouvrit la voie à toutes les hérésies par lesquelles fut troublée l'Europe au xv^e^ et au xvi^e^ siècle [1]. »

L'Ordre de S. Dominique lui-même était divisé en deux obédiences. « Pendant que

1. P. V. Marchese. Cenni storici... p. 6.

deux pontifes paraissaient en même temps sur le trône pontifical, on voyait deux évêques dans un même diocèse, deux prieurs dans un même couvent. Celui-ci obéissait à un Pape, dit Touron, auquel nous empruntons ce récit, celui-là refusait de le reconnaître. Les mauvais sujets, assurés de l'impunité, se donnaient la liberté de tout faire. En changeant d'obédience, selon leurs intérêts, ils évitaient toujours le châtiment. Les cloîtres dévastés par la peste, étaient réduits en certains endroits à deux ou trois Religieux, lesquels, désireux de se garantir de la contagion, avaient cherché leur conservation dans une vie moins austère, mesure d'autant plus légitime que la disette des aliments les plus nécessaires à la vie, semblait les autoriser à user de ceux qu'ils pouvaient se procurer. Les nouveaux sujets, trop jeunes pour soutenir toute la rigueur de la règle, ne trouvèrent que trop de raisons de s'en dispenser dans la faiblesse de leur tempérament ; disons-le encore, dans le défaut de ferveur et de bonne volonté. [1] » De là le relâche-

1. Touron. Histoire des hommes illustres de l'Ordre de S. Dominique, T. II, p. 709.

ment introduit dans le cloître, l'oisiveté, le délaissement de la cellule, de l'étude, de l'oraison. Le schisme aggravait la situation. Elie de Toulouse demeurait Maître Général en France, sous l'obédience de Clément VII, tandis que Raymond de Capoue, élu par ordre d'Urbain VI, gouvernait les Provinces d'Italie, d'Angleterre et de Hongrie.

« L'origine de la Réforme remonte à sainte Catherine de Sienne. Elle avait, par ses ardentes supplications, excité le B. Raymond de Capoue à l'entreprendre. D'autre part, elle avait également réussi à attirer dans l'Ordre une des filles de Pierre Gambacorti, seigneur de Pise. Il y eut quelque chose de véritablement divin dans l'exemple admirable que donna cette sainte Religieuse. Impatiente de revêtir les livrées dominicaines et longtemps avant toute tentative de réforme, elle avait introduit au monastère de S. Dominique de Pise, sa patrie, une sévère et rigoureuse clôture, une observance austère. De cette maison, comme d'une pépinière féconde, sortirent les réformatrices des maisons de Gênes, de Parme et de Venise. Non contente de ces résultats inespérés, la Sainte mit tout en œuvre par ses exhortations, ses conseils et ses prières pour provoquer la réforme des Religieux eux-mêmes. Aussi l'Ordre reconnaissant a-t-il toujours vénéré en elle une autre Thérèse de Jésus [1]. » Le Père Marchese nous apprend que la B. Claire exerçait une influence considérable sur les Frères Prêcheurs du couvent de sainte Catherine et il nous représente « les Religieux groupés autour d'elle, écoutant ses avis avec une filiale vénération. »

La mort prématurée de sainte Catherine de Sienne, qui succomba sous le poids des douleurs et des divisions de l'Église, n'empêcha pas Raymond de Capoue de réaliser le vœu de la Vierge de Sienne. Le 9 janvier 1391, il obtient une bulle de Boniface IX en faveur de la Réforme. Six mois après, le Souverain Pontife dans un bref, accorde de nombreux privilèges aux Frères Prêcheurs, déclarant « qu'ils brillent dans l'Église de multiples splendeurs, que le bruit de leurs prédications s'est répandu en divers pays, et qu'il veut qu'on n'arrête en rien leur action. »

« Raymond de Capoue fit alors un puissant appel à tous ceux qu'enflammait l'amour

---

1. P. V. Marchese. Cenni storici, p. 9.

de Dieu et de leur Ordre. Il lés supplia de l'aider de leurs conseils et de leurs efforts dans cette difficile entreprise. Aussitôt lui répondirent en Allemagne Conrad de Prusse et quelques autres, en Italie Jean Dominici, Thomas de Sienne, Laurent de Ripafratta, Thomas Aiutamicristo. [1] »

Jean Dominici, que S. Antonin appelle « le Restaurateur de la vie régulière en Italie », prit aussitôt l'initiative de cette œuvre, grande entre toutes. Son histoire est touchante. Né de parents pauvres, voué au travail manuel, bègue de naissance et fort illettré, Jean Dominici sollicita cependant son admission dans l'Ordre des Frères Prêcheurs. Il insista avec tant de persévérance et de candeur, au dire des vieux auteurs, que les Religieux, émus à leur tour, le revêtirent de l'habit dès l'âge de dix-sept ans. Bientôt, grâce à sa prodigieuse intelligence il surmonta toutes les abstractions de la théologie, et, miraculeusement guéri de son infirmité, il devint un orateur, dont les triomphes égalèrent ceux de S. Vincent Ferrier.

Depuis plusieurs années Jean Dominici préparait l'œuvre de la Réforme. Procédant avec

1. P. V. Marchese, Cenni storici, p. 9.

une sage lenteur, il avait accepté dans ce but les priorats de Lucques, de Fabriano et de Pise. « Pendant son séjour dans cette ville il attira dans l'Ordre un fils de Louis Tosi, riche marchand, et Nicolas Gittalebraccia, dont il est dit dans la chronique : « fuit de intimis filiis sororis Clarae de Gambacurtis. » A peine eut-il connu Laurent de Ripafratta et le Père Aiutamicristo, qu'il les détermina à entreprendre la réforme de l'Institut dominicain. Cependant le B. Jean ayant trouvé au couvent de Pise une forte opposition à ses projets, il commença par réformer celui de S. Dominique de Venise, dont il confia la direction au P. Aiutamicristo. Ce Religieux parvint en peu de temps à faire accepter l'observance au grand couvent placé sous le vocable des SS. Jean et Paul. Le P. Thomas de Sienne eut la mission de réformer celui de S. Dominique de Città di Castello en Ombrie, où bientôt le B. Jean Dominici, le P. Nicolas Gittalebraccia et Laurent de Ripafratta vinrent le rejoindre [1]. » Le séjour de notre Saint à Città di Castello est incontestable. Il est prouvé

---

1. P. V. Marchese. Cenni storici..., p. 9.

par deux documents fort curieux. Ce sont des lettres adressées par Jean Dominici aux Sœurs du monastère du Corpus Christi à Venise : « Non ho tempo, perchè in fretta si parte Fra Lorenzo, e viene », écrit-il dans la première. Dans la seconde il raconte aux Dominicaines la mort de six jeunes Religieux enlevés par la peste, puis il ajoute : « pure per questo calle guardando, sto, atteso donde vegga passare Frate Lorenzo e Frate Rinaldo, i quali ancora non sani ; e poi mi ritroverò loto fra la spezzatura rimasto. » Le Père Marchese, qui rapporte ces extraits des lettres de Jean Dominici, attribue ce passage à notre Saint. Le fait est d'autant plus vraisemblable que les lettres sont datées du mois de juin 1400, et coïncident avec un voyage que le B. Laurent fit à cette époque. Il se rendit à Venise pour une affaire urgente et confidentielle relative à la nouvelle Congrégation et son retour s'effectua, semble-t-il au mois d'août suivant.

« Le B. Jean ne tarda pas à connaître quel précieux trésor il avait acquis dans la personne du jeune seigneur de Ripafratta. Il se montrait plutôt un ange qu'un homme, par son angélique pureté. Sa vie était austère. On voyait en lui un zèle ardent pour la gloire de Dieu et le salut des âmes, et une fidélité très grande pour les observances les plus minutieuses de la règle claustrale [1]. »

Le B. Laurent, tout en poursuivant avec ardeur l'œuvre de la Réforme, dont il devenait un des puissants auxiliaires, ne négligeait pas l'apostolat, but primordial de l'Ordre. Il devint alors un excellent prédicateur, au dire du même auteur. « Ses discours, imprégnés de réminiscences bibliques, dépeignaient en termes si saisissants la vanité des biens de ce monde et l'éternité des biens célestes, et il mettait dans les âmes de ses auditeurs tant de mépris pour la vie présente et d'amour pour la vie future que ceux-ci, dédaignant les soucis terrestres, entraient au cloître comme en un port assuré. »

Parmi ceux qui suivaient assidûment ses prédications à Città di Castello, il remarqua un petit enfant, destiné à devenir un de ses disciples de prédilection. « Né d'une noble famille vers 1390, Pietro Capucci menait une vie toute angélique et son âme attirée vers les choses surnaturelles donnait déjà des signes

---

1. P. V. Marchese. Cenni storici..., p. 9.

précoces de sa future sainteté [1]. Ému et charmé par la parole de l'apôtre dominicain, l'enfant se mit sous sa direction et dès lors, il sentit naître en lui un amour ardent pour Dieu, un détachement absolu des biens terrestres et un attrait irrésistible pour l'Institut de S. Dominique. » Lorsque le B. Laurent fut assigné au couvent de Cortone, il confia le petit Pierre au Père Thomas de Sienne, comme un précieux trésor, destiné à devenir une des gloires de l'Ordre. Son pressentiment se réalisa pleinement et dès l'année 1405 le jeune seigneur Capucci, âgé de quinze ans, recevait l'habit dominicain au couvent de Città di Castello.

La Réforme, comme toute œuvre grande et divine, traversa des phases vraiment critiques. Elle vit se dresser devant elle de redoutables adversaires. Le Révérendissime Père Cormier dépeint, dans la vie du B. Raymond de Capoue, les oppositions violentes qui surgirent au sein même de l'Ordre : « Tandis que les hommes de bonne volonté, réunis par le Maître Général, trouvaient sous le joug de la

---

1. Fabbrini. Vita del Beato Pietro Capucci, p. 4.

sainte observance la liberté des enfants de Dieu et la fécondité de l'apostolat, au dehors l'orage s'amoncelait. Des attaques vives et savantes se produisirent, dans lesquelles on semblait défendre la cause de l'Ordre contre un Général exalté et perturbateur. Les manœuvres furent si habiles que le cardinal d'Alençon, chargé par le Pape d'appuyer Raymond, fut lui-même un instant circonvenu et faillit tout enrayer en faisant révoquer le Décret apostolique : iis quæ Religionis [1]. »

Le B. Raymond, auquel on reprochait de diviser l'Ordre, répondit alors par une lettre circulaire, chef-d'œuvre de logique et de prudence. En voici quelques fragments qui nous semblent du plus haut intérêt et que l'on ne peut passer sous silence : « L'unité pour laquelle les membres d'un Ordre religieux sont rassemblés, dit-il, consiste spécialement dans un seul et même fondateur c'est-à-dire (pour nous) le B. Dominique, et dans un seul et même mode de vie réglé par nos Constitutions. Prétendre donc que les Frères, qui veulent observer cette manière de vivre et marcher

1. R. Père Cormier. Le B. Raymond de Capoue, p. 105.

sur les traces du B. Dominique divisent l'Ordre, c'est comme si l'on disait que les soldats qui suivent le drapeau et obéissent au capitaine sont des déserteurs et mettent la division dans l'armée, jusque sur le champ de bataille ». Puis, sentant poindre une certaine jalousie, Raymond de Capoue reprend avec un accent plus grave : « Concevoir de l'envie pour les Observants (Dieu nous en préserve !) ce serait imiter Caïn qui s'indignait contre Abel, en le voyant plus agréable à Dieu, au lieu de s'indigner contre lui-même de sa propre malice... Au reste, si malgré tout, il y a quelqu'un qui refuse de se réjouir ainsi du bien des Frères observants, le remède est bien simple : qu'il entre parmi eux, qu'il vive comme eux et il sera honoré comme eux. »

On ne manqua pas d'objecter que la stricte observance serait la ruine des tempéraments, et l'indélicatesse fut poussée jusqu'à faire observer au vénérable Général que sa santé personnelle n'en pouvait supporter la rigueur. A cette invective, il répond dans un style empreint d'une noble élévation et d'une humilité profonde, reconnaissant que Dieu l'afflige, en effet, d'une faiblesse d'estomac, de maux de tête et d'un épuisement physique qui constituent sa plus grande croix. « Mais, faut-il que j'ajoute malheur à malheur, conclue-t-il, et que, non content de ne pas observer certaines règles, j'empêche ceux qui prétendent les observer ? » Les efforts du B. Raymond ne semblent pas avoir désarmé ses adversaires, mais leurs tentatives demeurèrent vaines. En 1398 les Couvents de l'observance furent érigés en Congrégation autonome et placés sous le gouvernement de Jean Dominici.

# CHAPITRE IV

## CORTONE. — S. ANTONIN.

## FRA ANGELICO.

« Une pensée constante préoccupait Jean Dominici, celle d'affermir la nouvelle Congrégation et de l'établir sur des bases assez larges pour qu'elle pût affronter tous les périls. Il concentra tous ses efforts vers la formation d'un bon noviciat, destiné à devenir une pépinière féconde de jeunes Religieux, capables de propager la Réforme et d'en être les promoteurs et les soutiens [1]. » Jean Dominici choisit pour résidence le couvent de Cortone qui demeurait, entre tous, celui de sa prédilection, à cause de sa constante fidélité aux observances de l'Ordre. Cortone, située aux confins de la Toscane, sous un ciel délicieux, offrait d'ailleurs un séjour incomparable pour les exercices spirituels d'une maison de probation.

---

1. P. V. Marchese, Cenni strorici, p. 10.

« Jean Dominici avait fondé de grandes espérances sur Michel Tosi, jeune homme qu'il avait converti à Pise et qui était devenu un exemple de vertu et de piété, mais celui-ci mourut à la fleur de l'âge, victime de la charité avec laquelle il soignait ses Frères, malades de la peste. Ses regards se tournèrent alors vers ceux que le fléau avait épargnés et, désireux de choisir parmi les plus fervents Religieux dont se composait la Congrégation un habile maître des novices, il jeta les yeux sur le B. Laurent, qui lui semblait éminemment propre à remplir ce ministère si difficile. »

Le Père Marchese, auquel nous empruntons ces lignes, présume que le B. Laurent fut assigné à Cortone, entre 1402 et 1404. Mais cette opinion rencontre une sérieuse objection dans une chronique manuscrite, conservée au séminaire de cette ville. Ce document, cité par Fabbrini, atteste que : « parmi les Frères, résidant au couvent de Cortone en 1401, se trouvait Fr. Lorenzo di Zuccio da Pisa, lequel servit de témoin dans un testament fait en cette ville le 6 novembre par Tommaso di Puccio di Oddone [1]. » Le même auteur nous apprend

1. Fabbrini, vita del B. Pietro Capucci, p. 17.

que ce Religieux n'était autre que le B. Laurent ; d'où il tire la conclusion que ce dernier résidait à Cortone avant le mois de novembre 1401.

**Cortone** passait, dans l'antiquité, pour la plus importante des douze cités de la confédération étrusque. « La ville s'élève sur une montagne, comme un navire sur la crête d'une vague ; on l'aperçoit de la vallée de la Chiana, du lac de Montepulciano et de celui de Trasimène. A l'abri des vents du nord, elle reçoit de face les rayons du midi qui jettent leurs touches brillantes et vigoureuses sur ses édifices. Les rues étroites et tristes contrastent étrangement avec le site enchanteur qui les encadre [1]. » Cortone, devenue indépendante en 1325, était alors sous la domination des *Casali*, qui gouvernaient avec le titre de vicaires généraux. Francesco Sanese occupait ces hautes fonctions lorsque Laurent de Ripafratta vint à Cortone. C'était, au dire de S. Antonin, un seigneur sage et bon, sous l'autorité duquel l'antique cité avait revu des jours de prospérité et de grandeur.

---

1. G. Rohault de Fleury. La Toscane au moyen âge, p. 247.

L'origine du couvent des Frères Prêcheurs à Cortone remonte à 1236. Les débuts en furent lents et il demeura simple *locus* jusqu'au jour où les libéralités des fidèles et de la commune permirent au Fr. Guarnieri Vecchietti d'entreprendre la construction des bâtiments claustraux et de l'église qui fut érigée sous le vocable de saint Dominique en 1298. Un manuscrit inédit, conservé dans les archives conventuelles atteste : « que cette église était très fréquentée, non seulement par un grand nombre de tertiaires dominicaines qui s'y rendaient chaque jour afin de remplir leurs devoirs religieux, mais encore par une multitude de fidèles, désireux d'assister aux prédications et aux offices divins, qu'on y célébrait avec une grande solennité. » L'église devint bientôt insuffisante et les Dominicains résolurent, vers la fin du XIVe siècle, de faire une nouvelle fondation. Ils choisirent un site admirable, dominant les antiques murailles étrusques. La première pierre fut posée le 1er juin 1400. On ne peut affirmer que le B. Laurent fut témoin de cette cérémonie, sa présence à Cortone n'étant mentionnée que trois mois plus tard. Toutefois, en se basant sur la chronologie, on doit admettre que l'église fut construite sous ses yeux, peut-être sous sa direction, pendant qu'il exerçait ses fonctions de Maître des novices.

« En 1405, après avoir gravi l'abrupte et rocailleuse cime de la montagne sur laquelle est assise Cortone, un jeune Florentin se prosternait aux pieds du B. Laurent, muni de pressantes recommandations de Jean Dominici. Ce jeune homme était S. Antonin, âgé de seize ans à peine et qu'une renommée de sainteté annonçait comme une des gloires futures de l'Ordre de S. Dominique [1]. » Quelques historiens ont émis l'opinion qu'il avait reçu l'habit à treize ans, en 1402; mais le Père Marchese, se basant sur l'attestation de Castiglioni qui fut son secrétaire et son biographe, affirme que le futur archevêque de Florence vint à Cortone en 1405 âgé de trois lustres à peine, selon sa propre expression. Tout était poétique et charmant dans le jeune novice, jusqu'à son surnom d'Antonino, gracieux diminutif qui lui fut donné non seulement à cause de sa petite taille, mais en raison de son inaltérable douceur. Né à Florence, de parents chrétiens, il avait donné dès l'enfance des signes d'une sainteté précoce : « A

1. P. V. Marchese. Cenni storici, p. 12.

peine avait-il dix ans, dit Souèges, qu'il aima tendrement notre Ordre, et dans les processions publiques, il se mettait toujours proche de nos Pères, comme pour commencer à tenir rang parmi eux. » On connait son insistance pour entrer chez les Frères Prêcheurs et l'épreuve à laquelle il fut soumis. « Le P. Jean Dominici, voyant ce jeune homme qui, avec sa petitesse, était si maigre qu'il semblait n'avoir que la peau et les os, l'engagea à revenir quand il saurait par cœur le décret de Gratien [1]. » L'année suivante, S. Antonin l'avait analysé et gravé dans sa mémoire. Fidèle à sa promesse, le 4 août 1405 après la consécration de l'église conventuelle de Fiesole, Jean Dominici donna l'habit à quatre jeunes gens parmi lesquels se trouvait le futur archevêque de Florence. Aussitôt après sa vestition, le nouveau Prêcheur était parti pour Cortone, afin de commencer son noviciat sous la direction du B. Laurent [2]. Bientôt Pierre Capucci vint, à son tour, avec une joie toute filiale se prosterner à ses pieds, évoquant ainsi les souvenirs de leur intimité à Città di Castello.

---

1. Souèges, L'année Dominicaine, mai, 1re partie, p. 27.
2. Année Dominicaine, X, mai, p. 281.

« En 1405 deux peintres de Mugello, avides d'inspirations célestes, coururent se joindre à la pieuse colonie. C'étaient le B. Angelico et son jeune frère Benedetto, miniaturistes d'un rare talent [1].» Marchese, après avoir mentionné les âmes d'élite dont le B. Laurent devint le Maître et l'ami, nous décrit encore avec quelle sagesse il sut les diriger dans les voies de l'ascétisme. On ne voyait pas en lui cette énergie déconcertante qui épouvante les âmes les plus viriles, mais une sensibilité de cœur qui le rendait cher à ses novices. Il conduisait ces jeunes âmes dans les âpres sentiers de la perfection religieuse avec une merveilleuse habileté. Le B. Laurent se garda toujours des écueils dans lesquels tombent souvent les éducateurs de la jeunesse, l'excessive douceur qui ramollit et énerve les âmes et les rend impatientes sous le joug de l'obéissance, et l'excessive rigueur qui provoque chez les novices une ferveur immodérée et les laisse bientôt sans forces sur le chemin de la vertu ; alors, la sainteté n'existant plus, ils dépérissent, ou, s'ils survivent, c'est pour y traîner des jours inutiles

1. P. V. Marchese, Cenni storici, p. 12.

et malheureux. Ainsi vit-on le B. Laurent, dur et sévère pour lui-même, s'adoucir avec ses disciples, plus qu'il n'est d'usage et les conduire avec sécurité et douceur dans l'étroit sentier de la perfection : « Aliis clemens et pius, sibi austerus [1]. »

« Par le moyen de pieux et fréquents entretiens, il se contentait de verser dans le cœur de ses jeunes gens une étincelle du divin amour, persuadé que cette flamme légère, croissant peu à peu, finirait par consumer toutes les mauvaises inclinations de la nature. Une autre qualité, digne de louanges, dans le B. Laurent, fut la sagesse et la prudence avec laquelle il sut discerner la vocation spéciale de chacun de ses élèves. Tout en leur rappelant le but final de l'Ordre, il les secondait dans le libre développement de leurs aptitudes naturelles. Au B. Pierre Capucci, dont les inclinations sympathisaient avec les siennes, il ouvrit les voies sublimes de la contemplation ; à S. Antonin, dont la vaste intelligence se montrait apte aux études les plus variées, il conseilla de parcourir le champ infini des

1. S. Antonini, Chronic. Pars III, Tit. XXIII, Cap. X, § V.

sciences divines et humaines ; il permit au B. Angelico et à son frère de cultiver la peinture et la miniature. Il est à présumer que si ce dernier était tombé entre les mains d'un maître moins habile, on lui eût interdit cet art, qui a une si grande influence sur le culte religieux [1]. »

Le B. Laurent recommandait sans cesse aux deux peintres de Mugello de sanctifier leur art en l'élevant à la hauteur d'un apostolat : « O mes bien-aimés, leur disait-il, vous à qui Dieu n'a pas donné l'aptitude des sciences, suivez la carrière de la peinture, vous n'en serez pas moins de vrais Frères Prêcheurs ; car ce n'est pas seulement par la parole que nous persuadons aux hommes d'aimer la vertu et de fuir le vice, c'est encore par l'exemple d'une vie pure et sans tache ; c'est aussi par les arts, expression sublime des pensées de l'homme, parmi lesquels la musique et la peinture tiennent le premier rang. Un grand nombre de pécheurs, que l'éloquence de vos Frères n'aura pu ébranler, seront peut-être touchés à la vue des tableaux que vous mettrez

---

1. P. V. Marchese, Cenni storici, p. 12.

sous leurs yeux, et s'avoueront vaincus. Vous avez un avantage, dont les autres sont privés : la parole ne peut atteindre ceux qui sont loin, et la bouche la plus éloquente ne rend point d'oracles dans la tombe ; mais vos célestes compositions auront une influence immortelle ; elles resteront dans le cours des siècles comme des témoins authentiques, des prédicateurs efficaces de religion et de vertu. »

Quelles étaient ces âmes d'élite, dignes de recevoir de tels conseils, et comment ne pas s'arrêter ici pour contempler doucement le peintre mystique ? Vasari en a fait l'éloge en quelques lignes : « Fra Giovanni, dit-il, fut un homme simple et très saint dans ses mœurs. Il aurait pu être riche et ne s'en soucia pas, disant que la vraie richesse consiste à se contenter de peu. Il aurait pu commander et ne le désira pas, pensant qu'il y a moins de peine et de risques à obéir. Très sobre, très chaste, il se délia des lacs du monde, répétant maintes fois : « celui qui exerce l'art a besoin de vivre sans souci, celui qui travaille pour le Christ, doit toujours se tenir avec le Christ. » On ne le vit jamais en colère parmi ses Frères, ce qui est une grande chose, pour moi presqu'incroyable. C'est par un sourire tout simplement qu'il réprimandait ses amis. Il avait l'habitude de ne retoucher ou rajuster aucune de ses peintures, mais de les laisser telles qu'elles étaient venues du premier coup, croyant que c'était la volonté de Dieu. Il ne mit jamais la main au pinceau sans avoir dit son oraison. Il ne fit jamais un crucifix qu'il ne baignât ses joues de larmes. On reconnait dans les visages et les attitudes de ses figures la bonté de cette âme si grande et si sincère dans sa foi [1]. »

Il est certain que Fr. Angelico était déjà peintre et miniaturiste d'un grand talent à cette époque. Il semble que ses débuts furent des chefs-d'œuvre d'enluminure. Vasari rapporte que Fr. Angelico, « ancor giovinetto benissimo fare sapeva. » On conçoit que le génie naissant du jeune moine, né de l'exaltation religieuse, grandit sous l'impulsion d'un maître aussi habile que le B. Laurent, et qu'au milieu des saintes ardeurs du cloître, il parvint à l'idéal mystique qui l'a immortalisé.

---

1. Vasari. Trad. dans Lafenestre. La peinture italienne, p. 146.

# CHAPITRE V

## LES ARTS AU COUVENT DE CORTONE.

## LES DOMINICAINS DE FIESOLE. — APOSTOLAT A CORTONE.

Le couvent de Cortone se distingua au début du xve siècle non seulement par ses ascètes et ses érudits, mais encore par ses artistes. Jean Dominici semblait fort épris d'idéal esthétique. Lui-même maniait habilement le pinceau et on le vit insister énergiquement sur la nécessité de la peinture mystique à titre de prédication permanente et d'élévation de l'âme vers Dieu. Le couvent de Cortone possédait dès l'origine ses copistes, ses calligraphes et ses miniaturistes, désignés sous le nom de *pulchri scriptores*. Selon l'usage au moyen âge, une salle devait être attribuée à ce genre d'études. C'était le *scriptorium*.

L'art de la miniature, qui ne consistait au VIe siècle qu'à orner les initiales de gracieuses arabesques, se transforma vers le XIIe siècle. Les enluminures couvrirent alors les marges et envahirent le texte. Les couleurs renfermaient un symbolisme profond. On demeure saisi d'admiration en considérant ces vies monastiques, dont la seule ambition consistait à enrichir chaque jour une feuille de parchemin, destinée à compléter un in-folio. Le désintéressement de ces humbles peintres apparaît ici dans toute sa grandeur. A peine apposaient-ils leur nom de Religion ou leur office conventuel au bas de leurs chefs-d'œuvre. Devant les siècles à venir toute gloire humaine s'effaçait. Comment ne pas admirer le charme mélancolique de ces artistes anonymes ?

« Dans l'Ordre de S. Dominique, ainsi que le fait observer le Père Marchese, l'art et la prédication ont toujours été considérés comme *jumeaux*. L'apostolat, dit-il, doit s'exercer sous une double forme. Le théologien, après avoir défendu les vérités saintes par la voie du syllogisme ou par la voie de la persuasion, doit employer ensuite les ressources de son art, c'est-à-dire la peinture religieuse. »

Le génie mystique de Fra Angelico a été analysé dans un style plein d'élévation et de poésie par M. Rio. Selon lui, le mysticisme est à la peinture ce que l'extase est à la psychologie. « Nous passons, dit-il, avec un superbe dédain devant ces peintures miraculeuses qui ont exercé l'influence la plus délicieuse sur une quantité innombrable d'âmes humaines dans le cours de plusieurs siècles. Nous ne réfléchissons pas que dans cette image muette de la Madone et de l'Enfant, Jésus a parlé un langage mystérieux et consolant à plus d'un cœur assez pur et assez humble pour le comprendre et qu'il n'y a peut-être pas de larmes plus précieuses devant Dieu que celles qui ont mouillé la pierre de ces modestes oratoires. De même que la théologie spéculative, élevée à sa plus haute puissance, aboutit à la théologie mystique, de même la peinture religieuse, en tendant vers un certain but, prend la qualification de peinture mystique, ce qui implique objectivement la plus haute forme de l'idéal et subjectivement la plus sublime des facultés de l'âme. Une fois lancées dans cette voie, les intuitions de l'artiste ont quelque chose d'analogue à ce qu'on appelle dans le langage des saints la vision béatifique [1] »

M. Rio nous montre ensuite le rôle important que le disciple du B. Laurent a joué dans l'histoire de la peinture mystique par la pureté et l'intensité de ses inspirations. « La componction du cœur, le ravissement extatique, l'avant-goût de la béatitude céleste, tout cet ordre d'émotions profondes, exaltées, que nul artiste ne peut rendre, sans les avoir préalablement éprouvées, voilà quel fut le cycle mystérieux que Fra Angelico se plaisait à parcourir. Il embrassa tous les degrés de la poésie pour exprimer la physionomie humaine [2]. »

« On ne trouve chez le peintre mystique nulle combinaison d'ombre et de lumière. Le charme réside tout entier dans l'éclat, la fraîcheur, la pureté des lignes, les profils des personnages, leur attitude ingénue. Épris de virginité, il revêt ses vierges de vêtements dont l'éclatante blancheur ne peut être comparée

1. Rio, de l'art chrétien, p. 277.

2. Ibid., p. 320.

qu'à la transparence de l'air [2]. » Une gracieuse légende rapporte « que les anges maniaient délicatement le pinceau du maître pendant son sommeil... Les anges, dit-elle, lui devaient bien cet honneur... »

Le B. Laurent eut l'intuition du génie de Fra Angelico, ainsi que nous l'avons fait observer au début de cette monographie, et c'est à lui que revient la gloire très pure de l'avoir guidé dans la voie de sa haute destinée. Notre Saint ne figure pas seulement dans l'histoire comme un grand mystique et un habile maître dans les voies de l'ascétisme, mais encore comme un ami des arts. Profond psychologue, il sentait la puissance surnaturelle des représentations religieuses au point de vue apostolique. Aussi, prit-il soin de tempérer les rigueurs des Constitutions pour Fra Angelico, afin de permettre à son génie de s'accroître et de parvenir au plein épanouissement.

Le noviciat de Cortone connut pourtant les heures sombres de l'adversité. Les chroniques contemporaines racontent qu'Aloigi Casali,

1. P. V. Marchese, Memorie dei più insigni pittori...

jaloux de son oncle Francesco Sanese, dont l'influence était prépondérante dans la cité, le fit lâchement assassiner en 1407. Puis joignant l'audace au crime, il osa braver la foule ameutée sous les fenêtres du palais, en lui jetant le corps sanglant de sa victime. Cet événement fut le signal de la guerre civile et du triomphe de la force brutale.

La mort du bon Francesco eut un douloureux retentissement dans le couvent des Frères Prêcheurs, dont il s'était montré constamment le bienfaiteur et l'ami dévoué, et les chastes joies du noviciat en furent longtemps troublées. Cependant une nouvelle épreuve attendait le B. Laurent. Il se vit bientôt contraint de se séparer de ses disciples les plus aimés. Jean Dominici, forcé de quitter Fiesole, avait confié la communauté naissante au Père Marc de Venise, en lui imposant de faire appel au noviciat de Cortone afin d'augmenter le nombre trop restreint de ses Religieux. Jean Dominici espérait bien revenir, mais le pape Grégoire XII l'ayant nommé archevêque de Raguse, puis revêtu de la pourpre, il dut faire le sacrifice de se décharger du gouvernement de la Congrégation érigée par ses soins, et qui faisait depuis plusieurs années, l'objet de sa sollicitude [1].

Pour répondre au pressant appel du Père Marc de Venise, le B. Laurent choisit donc parmi les Religieux les plus fervents de Cortone une petite troupe d'élite, destinée à peupler Fiesole. Il est difficile d'en fixer le nombre. Minerbetti le porte à cinq et Razzi à treize. Fabbrini, d'après les documents récemment découverts, mentionne Fr. Bartolomeo de Monteruppolo, Fr. Giovanni Mascio, Fr. Angelo da Fabriano, S. Antonin et Fr. Pietro Capucci. Il émet, au sujet de ce dernier une opinion contradictoire à celle du Père Marchese, lequel affirme qu'il résida à Cortone depuis son noviciat jusqu'à sa mort. Il est permis de croire que le savant auteur ignorait le document mentionné par Fabbrini, lequel atteste la présence de Pierre Capucci au couvent de Foligno à cette époque. On doit donc admettre, à titre de probabilité historique, que le jeune moine fit partie des Dominicains assignés à Fiesole par le B. Laurent.

Les annales de l'Ordre rapportent que la

1. Echard, Sript. Ord, Præd. T. I, p. 768.

paix de ce couvent ne fut pas de longue durée. « En 1409, la tempête politique et religieuse qui agitait alors l'Église, vint troubler les Frères Prêcheurs dans leur solitude. Trois pontifes réclamaient en même temps l'obéissance des fidèles. La ville de Florence et le Général des Dominicains, Thomas de Fermo, reconnaissaient Alexandre V, récemment élu à Pise, tandis que les Religieux de Fiesole, entraînés par l'exemple du cardinal Jean Dominici, crurent devoir demeurer soumis à Grégoire XII. Mais alors leur liberté elle-même fut menacée. Le Prieur, Fr. Antoine de Milan fut emprisonné à Florence, et les Frères n'eurent bientôt plus d'autre ressource que de quitter, au milieu de la nuit, leur couvent à peine achevé, et de chercher dans la fuite une sécurité qu'ils ne trouvaient plus à Fiesole. [1] »

Cette détermination s'explique aisément par la crainte de participer à ce qu'ils appelaient « la souillure du schisme. » Ils partirent au nombre de douze environ, guidés par leur Prieur qui s'était évadé de sa prison.

---

1. Année Dominicaine, XVIII, mars, p. 487.

Après deux jours de voyage et vingt-cinq lieues de trajet, ils parvinrent sous les murs de Cortone. Leur déception fut grande en trouvant la ville assiégée par Ladislas, roi de Naples. Le B. Laurent, enfermé dans son enceinte, ne put donc ni communiquer avec la troupe fugitive, ni lui offrir l'hospitalité à cette heure de suprême angoisse.

Les exilés de Fiesole, forcés de s'éloigner de Cortone, se dirigèrent alors vers Foligno, ville demeurée fidèle à l'obédience de Grégoire XII et dont l'évèque était Fra Frederigo Frezzi, que nous avons vu figurer à Pise en 1382, dans le groupe des promoteurs de la Réforme.

Le 30 juin Cortone tombait au pouvoir des troupes napolitaines, grâce à un complot habilement tramé. Mécontents de la tyrannie d'Aloigi Casali, quelques personnages influents de la cité s'entendirent avec Ladislas. Sûr de leur appui, celui-ci entra inopinément dans la ville en escaladant les murs du couvent des Frères Prêcheurs. Nul doute que le B. Laurent, qui occupait un poste important dans la communauté, ne fût témoin de cet assaut imprévu. On dut voir, au milieu de la brèche envahie par les soldats, se dresser calme et fier le vénérable moine, entouré de ses jeunes disciples. Les chroniques de l'Ordre passent sous silence cette scène pourtant émouvante, et se contentent de rapporter les notables dégâts causés dans les bâtiments claustraux par l'invasion des troupes napolitaines. Aloigi fut chargé de chaînes et conduit au camp de Ladislas, au milieu des malédictions de ses sujets : « Il paya ainsi, dit saint Antonin, la peine de son fratricide. » Ses ordonnances furent annulées au milieu du tumulte et des émeutes. Deux années plus tard le roi de Naples fit la paix avec Florence et lui vendit Cortone au prix de soixante mille florins d'or[1].

Pendant que ces événements se déroulaient à Cortone, remuant profondément les esprits et troublant la paix sociale, Laurent de Ripafratta poursuivait sa tâche, affermissant ses novices dans les voies de l'immolation où ils venaient de s'engager, et offrant à tous l'exemple d'un inlassable dévouement. Les auteurs de l'Ordre donnent peu de détails sur le séjour de notre Saint à Cortone. Ils nous le

---

1 Simondi. Hist. des Républiques Italiennes, T. VII.

représentent dans ce labeur incessant, calme et sans défaillance au milieu des persécutions, des troubles et des émeutes qui ensanglantaient la ville. C'est à cette époque que l'on voit grandir dans le cœur du B. Laurent, cette tendresse pour les affligés qui devint une des passions de sa vie. Son vœu le plus cher était d'orienter vers le ciel les aspirations du peuple. Sachant combien les exigences de la vie sont grossières et absorbent les âmes simples, il cherchait à leur ouvrir des perspectives infinies. On le vit dès lors parcourir les cités et les bourgades de la Toscane, prêchant aux pauvres les vertus évangéliques dont il offrait un si touchant exemple. Partout, sur les routes on retrouve l'humble moine, dont la modestie captive les cœurs et les force à s'élever vers Dieu.

Laurent de Ripafratta, au milieu de ses graves fonctions et de son apostolat à Cortone, n'oubliait pas ses anciens disciples, réfugiés à Foligno. Il suivait leurs progrès, au dire des hagiographes, encourageait leurs efforts et leur offrait l'hospitalité. Il est certain que saint Antonin, Fr. Pierre Capucci, Fr. Angelico et les jeunes Religieux exilés, ne se contentant pas du commerce épistolaire vis-à-vis de leur vénérable Maître, venaient souvent se retremper au noviciat de Cortone, qui demeurait un des plus intenses foyers de vie religieuse et intellectuelle.

Les Dominicains de Fiesole restèrent plusieurs années à Foligno, ainsi que le raconte la chronique de leur couvent. « Ils y vécurent selon les Constitutions, mais la peste étant survenue et le Prieur Antonio della Croce étant mort ainsi que plusieurs Religieux, la vie régulière vint à défaillir et les exilés prirent la résolution de se rendre à Cortone ».

« Les circonstances avaient changé : Alexandre V et Thomas de Fermo venaient de mourir, et les Dominicains pouvaient espérer rentrer en possession de Fiesole. Ils vinrent donc à Cortone pour suivre de plus près la marche des négociations. La petite troupe était conduite par saint Antonin, Fr. Pierre Capucci et Fr. Angelico. On peut imaginer la joie qui inonda le cœur du B. Laurent en recevant ses disciples, formés jadis par lui avec tant d'amour. « Ses nobles et généreux sacrifices semblaient déjà récompensés. Il voyait les jeunes Religieux, qu'il avait initiés à la sainteté, devenir par leur sagesse et leurs vertus la gloire, l'ornement et le soutien de l'Église. N'est-ce pas là un rare bonheur, le plus doux au cœur de ceux qui ont consacré leurs soins à l'éducation de la jeunesse [1] »

1. P. V. Marchese, Cenni storici, p. 18.

# CHAPITRE VI

LE CONCILE DE CONSTANCE.

FABRIANO.

LE B. LAURENT VICAIRE GÉNÉRAL DE LA CONGRÉGATION.

Le concile de Constance, convoqué en 1414 par l'empereur Sigismond apparaît dans les glorieuses annales de l'histoire ecclésiastique comme une aurore de paix et d'espérance. Jean Dominici y joua un rôle important. « Persuadé que Grégoire XII était le pape légitime, il fut un des rares amis qui lui restèrent fidèles sans cesser de lui conseiller de faire le sacrifice de sa dignité pour la paix de l'Église. Le souverain Pontife finit par se rendre aux instances du pieux cardinal et lui confia sous pli cacheté son acte d'abdication. Jean Dominici se mit immédiatement en route pour Constance, muni de pleins pouvoirs et honoré de la qualité de Légat dans les Flandres et dans l'Allemagne. Le Patriarche titulaire de Constantinople et le seigneur Charles Malatesta l'accompagnaient, ainsi que le rapportent les annales Dominicaines auxquelles nous empruntons ce récit.

« Par un coup d'habileté qui allait sauver la situation, le cardinal de Raguse, en arrivant à Constance ne montra tout d'abord qu'une partie de ses pouvoirs, c'est-à-dire les lettres de Grégoire XII, promettant d'abdiquer si ses concurrents en faisaient autant. Jean XXIII tomba dans le piège, et ne crut pas se hasarder beaucoup en tenant le même langage. A peine eut-il fini de parler que Jean Dominici se leva et le prit au mot en donnant connaissance à l'illustre assemblée des lettres secrètes dont il était porteur, et par lesquelles Grégoire XII renonçait au Pontificat sans restriction. Voyant sa cause perdue, l'antipape essaya un subterfuge dont personne ne fut dupe et quitta secrètement la ville de Constance [1].

« Le cardinal de Raguse, usant alors des pleins pouvoirs dont il était nanti, convoqua de nouveau le concile au nom de Grégoire XII.

---

1. Année Dominicaine. X juin, p. 245.

Puis, la lecture achevée, il déposa lui-même les insignes du cardinalat, et du même pas, s'en fut siéger au milieu des évêques. A la vue de cette humilité si généreuse, les cardinaux François de Venise et Santi d'Aquileja vinrent le prendre au nom du concile et le ramenèrent dans les rangs du Sacré Collège.

« Après quelques séances consacrées à la déposition de Jean XXIII et de Pierre de Lune, le conclave se réunit et élut Oddo Colonna qui prit le nom de Martin V [1] ».

Cette élection fut extrêmement applaudie et porta la joie chez tous les peuples chrétiens. Les Frères Prêcheurs eurent aussi la consolation de voir finir le schisme dans leur Ordre. Le P. Jean de Puinoix se trouvait au concile et avait joui jusqu'alors du titre de Général dans l'obédience de Benoit XIII. Il y renonça volontairement et la famille dominicaine fut enfin réunie sous un même chef. [2]

Le dénouement de cette grande lutte fut accueilli avec enthousiasme à Cortone. On

---

1. An. Dom. X juin, p. 246.

2. Ibid. XVII mars, p. 454.

conçoit aisément l'émotion des disciples du B. Jean Dominici, heureux et fiers de l'influence prépondérante exercée par leur Maître au concile de Constance. Mais cette joie fut de courte durée. Bientôt une nouvelle dispersion s'imposa et notre Saint dût se séparer de ses disciples.

Pendant que les émigrés de Fiesole, grâce à l'appui du Maître Général et de Jean Dominici, voyaient finir leur exil et rentraient dans leur chère solitude, le B. Laurent quittait Cortone et se rendait à Fabriano afin d'établir, ou du moins d'affermir la Réforme au couvent de sainte Lucie. S'il faut en croire les auteurs les plus compétents, son départ du noviciat fut vraiment néfaste et le Provincial se vit obligé d'investir S. Antonin de la charge de Prieur en 1420, afin de rétablir l'ordre et l'harmonie fort troublés par quelques dissensions survenues entre les Religieux.

Laurent de Ripafratta, durant ce séjour à Fabriano, apparaît dans toute sa grandeur, avec la sublime auréole du dévouement. La peste ravageait alors la ville et ce fléau causait un effroi extrême. Sismondi raconte qu'il suffisait de converser avec les malades, ou d'en approcher pour être immédiatement frappé. On ne rougissait pas alors de montrer sa lâcheté et son égoïsme. Aussi, ne restait-il aux malades d'autre ressource que le dévouement héroïque de quelques âmes religieuses. Les pauvres, entassés dans des maisons malsaines, mouraient presque tous. On apprenait la mort de ses voisins par l'odeur qu'exhalaient leurs cadavres et on les entassait pêle-mêle dans les rues [1] .

« Intrépide et constant, selon l'expression énergique de Pio, le B. Laurent méprisait la mort et courait à la douleur comme s'il allait à des noces. » En effet, notre Saint, le cœur joyeux, l'âme ravie en Dieu, se consacrait pleinement à ces infortunés, laissant déborder sur eux les effusions de sa tendresse et mêlant les consolations spirituelles aux soins les plus délicats. Mais les forces humaines ont des limites. Le B. Laurent les outrepassa en cette circonstance et ressentit dès lors les premières atteintes d'un douloureux ulcère à la jambe. Tous les auteurs mentionnent cette cruelle infirmité et sa patience inaltérable en face de cette épreuve ; mais saint Antonin lui rend un hommage plus filial

---

1. Sismondi. Hist. des Répub. Ital. T. VI.

et plus tendre. Emu de la douceur de son vénérable Maître durant ces longues années de souffrance quotidienne, l'archevêque de Florence n'hésite pas à le comparer au grand Apôtre : « Saint Paul reçut, dit-il, la grâce de l'épreuve physique pour que sa vertu se perfectionnât dans la maladie et le B. Laurent a vu comme lui ses mérites s'augmenter dans la souffrance que lui causa un long et douloureux mal à la jambe, ce qui ne l'empêcha pas de supporter les fatigues de l'apostolat et les austérités de la vie religieuse. »

Le séjour de Laurent de Ripafratta à Fabriano marque, malgré cette infirmité, l'apogée de son ministère évangélique. Saint Antonin décrit encore en quelques mots la fécondité de sa parole : « La loi de vérité, dit-il, était sur ses lèvres pour prêcher sans la fausser jamais la parole de Dieu. Aussi eut-il la joie de retirer par ses enseignements et ses conseils un grand nombre d'âmes de la voie de l'iniquité ! » il semble cependant n'avoir jamais visé à l'effet oratoire. Quand il prêchait dans le doux idiome toscan, il évitait toute emphase et toute affectation, parlant non en docteur, mais en ami, en compagnon d'infortune. Si haut que fut son idéal, il s'abaissait vers son humble auditoire, afin de s'insinuer plus profondément dans les cœurs et de leur rendre moins lourde la tâche quotidienne.

Constant de Fabriano compte au nombre des âmes conquises par l'ardente prédication du B. Laurent. Dès ses premières années, sa tendre dévotion l'avait fait surnommer « l'ami du bon Dieu ». Dans ses discours enfantins, le petit orateur abordait des sujets fort graves avec un sérieux qui émerveillait ses auditeurs. Subjugué par l'éloquence du B. Laurent de Ripafratta, ému du rayonnement de sainteté qui se dégageait de sa personne, Constant s'attacha à lui par les liens d'une filiale affection, et dès l'âge de quinze ans, « encore tout embaumé de l'innocence de son baptême, » au dire de son biographe, il obtint l'habit des Frères Prêcheurs. Le jeune novice fut ensuite confié aux soins de saint Antonin et formé par lui aux observances monastiques : « De la ferveur de son noviciat et des années qui le suivirent, on ne trouve dans les chroniques que ces simples paroles : « Bien qu'il fut le plus souvent appliqué à la prière et à la contemplation des choses divines, il fit d'admirables progrès dans les sciences naturelles, et il écrivit de nombreux commentaires sur Aristote, en imitant la méthode de saint Thomas d'Aquin. »

Laurent de Ripafratta rêvait d'achever sa longue carrière dans les labeurs de son humble apostolat à Fabriano, mais ses vertus éclatantes, dit le Père Marchese, son aptitude pour le gouvernement, en un mot tant de vertus réunies ne pouvaient demeurer plus longtemps ensevelies dans l'obscurité de la vie privée; c'est pourquoi la Congrégation réformée, admirant le zèle et la prudence avec lesquels il avait travaillé durant plus de soixante ans à la restauration de l'observance, le nomma Vicaire Général. [1] »

Il est difficile de préciser les années durant lesquelles le B. Laurent gouverna la Congrégation, mais on peut affirmer qu'il occupait cette haute fonction en 1443. Cette assertion repose sur un document d'une grande valeur c'est-à-dire sur la chronique de Santa Lucia in via San Gallo à Florence. Le P. Séraphin Razzi ayant réussi à écrire, d'après les anciennes chartes conventuelles, l'histoire de

---

1. P. V. Marchese, Cenni storici, p. 15.

ce monastère du Tiers-Ordre de saint Dominique, mentionne en ces termes le nom de la seconde Religieuse qui gouverna la communauté : « La seconde Prieure fut sœur Angela di Mazingo Mazinghi, élue par ses sœurs et confirmée en son office par un vénérable et saint homme, le B. Laurent de Ripafratta, qui était alors Vicaire Général de la Congrégation ». Or, sœur Angela, ayant exercé l'office de Prieure au monastère de sainte Lucie de 1443 à 1445, il est certain, ainsi que l'observe le Père Marchese, que notre Saint occupa ces éminentes fonctions jusqu'en 1445, époque à laquelle S. Antonin fut appelé à lui succéder. »

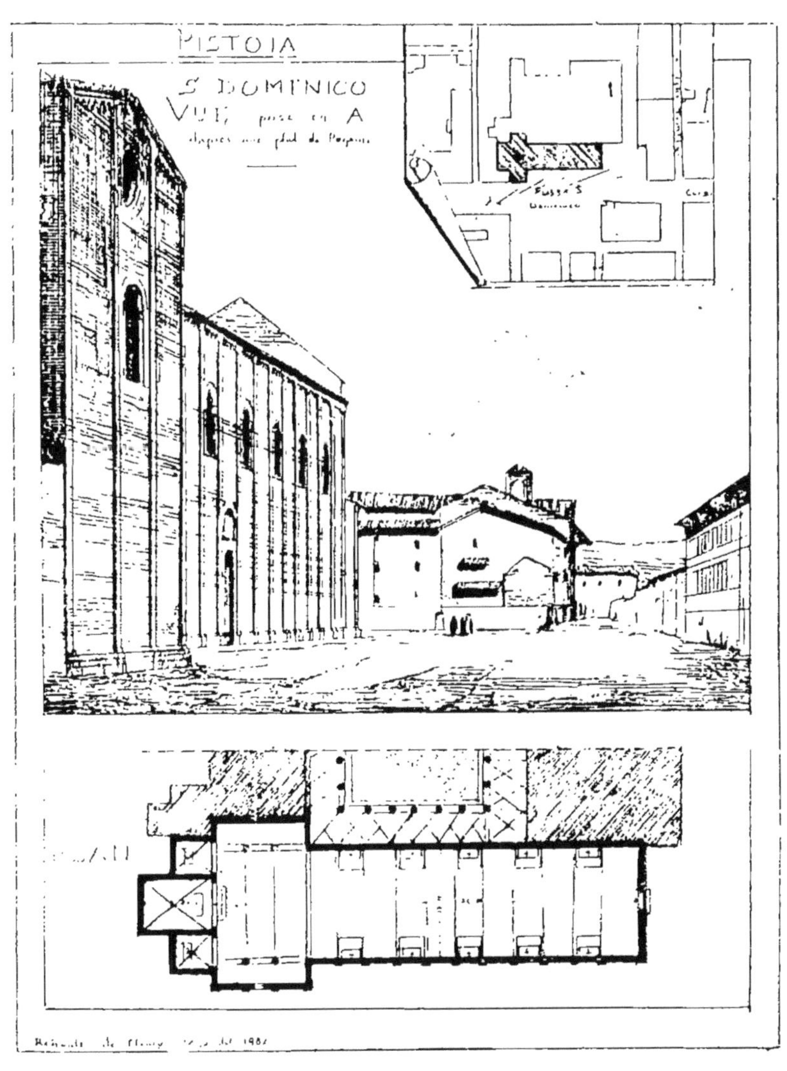


Gravure inédite de M. Georges Rohault de Fleury.

# CHAPITRE VII

## PISTOIE.

## LE COUVENT DES FRÈRES PRÊCHEURS.

## DERNIER APOSTOLAT.

Pistoie, dernière résidence du B. Laurent, offre un vif intérêt dans cette monographie. Cette antique cité a joué un rôle important dans le progrès de l'architecture toscane. « Des pentes de l'Apennin on l'aperçoit avant d'y parvenir, et de ces hauteurs on juge parfaitement la forme de ses remparts et la beauté de ses édifices. Solidement défendue, ornée de monuments magnifiques, traversée par l'Ombroncello, qui lui versait abondamment les eaux de l'Ombrone, Pistoie prit, pendant le XIIIe siècle une place importante parmi les cités toscanes [1] ». République au moyen âge,

---

1. G. Rohault de Fleury, la Toscane au moyen âge, page 238.

souvent en querelle avec Pise, qui la soumit vers 1348, elle recouvra son indépendance pour la perdre définitivement en passant sous le joug des Florentins en 1406.

« En arrivant sur la place du Dôme, où sont réunis les plus beaux édifices de la ville, on est frappé de leur style austère et grandiose. On retrouve les éléments d'une architecture plus mâle qu'à Venise, à Gênes, à Pise même, et dont le luxe n'a pas encore altéré la simplicité. Les regards sont à la fois sollicités de tous côtés. Au nord le palais des Anziani, à l'ouest l'antique église santa-Maria-Cavalieri, le palais du capitaine, avec sa haute tour, et le palais du syndic. A l'est le Dôme, cet admirable sanctuaire, élevé en 1240 ; l'évêché, le campanile, auquel Jean de Pise ajouta, en guise de couronne, le double rang d'arcatures de son sommet. Au midi, l'élégant baptistère, ce dernier effort du génie pisan, enfin le palais de podestat, tout recouvert d'écussons. [1] ».

« L'origine du couvent des Dominicains semble remonter à leur Fondateur. Le

1. G. Rohault de Fleury. La Toscane au moyen âge, t. I, p. 249.

Gravure inédite de M. Georges Rohault de Fleury.

Père Marchese émet l'opinion que l'église fut construite en 1280 d'après les dessins de Fra Sisto et de Fra Ristoro, sous la direction du Père Pascale da Ancisa. Il est certain qu'en 1303 le Cardinal Niccolo di Prato y employa Jean de Pise.

« En 1380 le B. André Franchi était Prieur du couvent de Pistoie et, de concert avec le Frère Bartolomeo, il allongea l'église de trente bras, puis il éleva la façade et fit peindre dans le tympan au-dessus de la porte d'entrée, par Giovanni Cristiani, l'adoration des Mages, dont il reste des vestiges. Au midi de l'église, s'élevaient deux cloîtres, dont nous offrons des vues, d'après les gravures inédites de M. Georges Rohault de Fleury. L'un a été modernisé à la renaissance, et l'autre, quoique défiguré par des bâtisses nouvelles qui ont englobé les colonnettes des galeries et les naissances des arêtes, présente encore un vif intérêt aux amis du moyen âge. Ces cloîtres devaient être couverts de peintures. On a pu retrouver quelques fragments de la tête du Sauveur et des apôtres. Les personnages portaient les mêmes habits que les Frères Prêcheurs.[1] .

---

1. Rohault de Fleury, mms. inédits.

Lorsque Laurent de Ripafratta vint habiter Pistoie, il trouva encore vivant le souvenir du B. André Franchi. Ce saint évêque, né d'une noble famille, vint au monde en 1335. « Toute sa jeunesse fit présager ce qu'il serait un jour. Après l'effroyable peste de 1348, il entra dans l'Ordre des Frères Prêcheurs où il se distingua bientôt par sa science, sa piété et sa charité. Lorsque la peste renouvela ses ravages, en 1361 et en 1373, il se multiplia pour encourager et secourir les malheureux, et il réussit à transformer complètement sa ville natale.

« C'est alors que le clergé et le peuple s'unirent pour solliciter d'Urbain VI sa nomination à l'évêché de Pistoie. Le Bienheureux avait alors quarante trois ans. Son zèle ne fit qu'augmenter, et par son éloquence, par son inépuisable charité, il fut l'appui et la ressource de tous les malheureux, surtout durant ces invasions de la peste, qui tous les neuf ou dix ans, venait avec une effroyable régularité, décimer la population. Il rétablit la paix sans cesse menacée par les ambitions ou les haines ; il fut cause que Pistoie resta fidèle à Urbain, durant le grand schisme, et après vingt trois ans d'épiscopat, il mourut plein de gloire devant Dieu et devant les

Gravure inédite de M. Georges Rohault de Fleury.

hommes le 26 mai 1400 [1]. » On lui éleva le magnifique tombeau dont nous offrons une reproduction gravée par M. Georges Rohault de Fleury. « Sa statue en marbre blanc, le représentait mort et couché sur le cercueil, au fond d'une niche embellie d'ornements en sculpture, de feuillages gothiques et des armes du défunt. Au sommet, dans un médaillon le buste du Christ, tenant de la main gauche un livre ouvert et de la droite bénissant ; au bas, sur le devant du cénotaphe lui-même, le buste de la Mère de Dieu avec celui de saint Paul à sa droite et celui de saint Dominique à sa gauche [2].

Laurent de Ripafratta fixa sa résidence à Pistoie vers 1440. Malgré son grand âge et ses infirmités, on le vit encore prêcher au peuple, catéchiser les pauvres des campagnes, visiter et consoler les malades. Son amour pour le prochain fut si grand, dans ce pieux office qu'on croyait voir revivre en lui le B. André Franchi [3].

---

1. R. P. Berthier. Une page d'art chrétien, p. VI.
2. Ibid., p. VIII.
3. P. V. Marchese, Cenni storici, p. 16.

S. Antonin rend ici un touchant hommage aux vertus héroïques de son vénérable Maître. « Qui fut plus humble que lui, s'écrie-t-il dans une naïve admiration, plus abject à ses propres yeux, alors que d'autres lui témoignaient tant d'estime ! Plus mortifié que tout autre, Laurent crucifiait sa chair par la privation du manger et du boire poussée au delà de ce que pouvait supporter sa santé. Il la crucifiait encore par sa fidélité aux longs jeûnes, aux veilles et aux autres austérités de l'Ordre et par la sainte horreur que lui inspirait toute sensualité. Il serait superflu de parler de l'ardeur et de l'étendue de la charité de notre Père. Ceux qui ont eu le bonheur de vivre près de lui, savent bien que, de nos jours, on n'a trouvé personne d'aussi assidu à la louange de Dieu, d'aussi dévot à la célébration du saint Sacrifice, d'aussi infatigable dans l'administration des sacrements. Les habitants de Pistoie racontent encore les actes de sa charité envers le prochain ; ceux de Fabriano et des autres pays qu'il habita par obéissance font écho à ces louanges méritées. Quand la peste exerçait ses ravages, quel malade n'a-t-il pas visité ? Jour et nuit, il s'exposait au péril de contracter ce mal mortel. Interrogez les habitants de Pistoie et ils rendront témoignage de cette constante charité. Jamais les prêtres n'eurent un auxiliaire aussi dévoué que ce bon Père, dans l'administration des sacrements, la visite des malades, et en général dans toutes les circonstances où il fallait se rendre utile. »

« Ceux qui ont le cœur pur verront Dieu face à face, mais qui donc surpassa la pureté de notre Père, pureté demeurée intacte au milieu des sollicitations douloureuses des plaisirs trompeurs et dans l'accomplissement ininterrompu du ministère de la confession ?... Mais aussi que d'âmes ses paroles et ses exemples n'ont ils pas arrachées au gouffre de l'enfer pour les conduire au sommet de la perfection et qui donc s'éloignait de lui sans être consolé ! »

Gravure inédite de M. Georges Rohault de Fleury.

# CHAPITRE VIII

## ÉLECTION DE S. ANTONIN A L'ARCHEVÊCHÉ DE FLORENCE. LETTRES DU B. LAURENT. SA MORT EN 1457.

« Le Bienheureux Laurent, tout absorbé dans ce ministère d'amour et de paix, reçut au mois de janvier 1446 la nouvelle que son bien-aimé disciple saint Antonin venait d'être élevé à l'archevêché de Florence. En effet, lorsqu'après neuf mois de vacance et sur le conseil de Fra Angelico, Eugène IV donna pour successeur à Barthélemy Zabarella le saint Prieur de Florence, celui-ci épuisa tous les moyens de résistance en son pouvoir pour échapper à cet honneur [1] ». « Dans tous ses embarras le Saint ne cessait de recourir aux lumières du vénérable Religieux, qui

1. Année dominicaine, X mai, p. 291.

avait formé sa jeunesse ; ainsi fit-il dans cette grave occurence. Il supplia son Maître de ne point l'abandonner dans les angoisses où le réduisait le terrible fardeau qu'on venait de lui imposer. Ni les supplications des magistrats de la République, ni les désirs du Souverain Pontife lui-même, ne purent le décider à accepter cette lourde charge ; et il ne consentit à son élévation que sur l'ordre exprès du B. Laurent [1] ». S. Antonin se soumit alors, non sans protester contre la violence dont son humilité était victime : « Dieu m'est témoin, s'écria-t-il, Lui qui sonde les cœurs et les reins, que je n'ai jamais désiré une pareille charge, et que ma volonté s'incline exclusivement devant la volonté de Dieu et les préceptes de son Eglise [2] ».

« S. Antonin fut sacré dans l'église de saint Dominique de Fiesole par le Père Laurent Giacomini, évêque d'Achaïa, assisté de Benozzo Federighi et de Donato de Médicis, évêques de Fiesole et de Pistoie. Le 13 mars 1446, il quitta Fiesole, accompagné de ses

1. Année dominicaine XVIII février, p. 634.

2. Ibid., X mai, p. 292.

Frères en Religion. A l'église de San-Gallo, il célébra la messe. Ensuite, précédé du clergé et de la magistrature, il entra dans Florence, non sur une cavale, selon l'usage antique, mais à pied, le cœur rempli d'amertume, au milieu des cris de joie du peuple. On se prosternait sur ses pas, on lui baisait les mains, on le vénérait comme un ange du ciel. Au borgo des Albizzi, il se déchaussa et acheva pieds nus le reste du trajet. Après les cérémonies accoutumées dans l'église du Dôme il congédia le clergé et se retira au palais. [1] On ne peut affirmer que le B. Laurent fut présent au sacre de l'archevêque de Florence, mais le saint vieillard voulut du moins remplir un devoir de charité à l'égard de celui qui avait été son disciple, en l'aidant de ses conseils et de son expérience. Il fit pour S. Antonin ce que S. Bernard avait fait pour le pape Eugène III, lequel, de l'humble condition de moine, s'était vu élevé au pontificat suprême. A l'exemple de l'Abbé de Clairvaux qui, pour affermir la vertu d'Eugène III, écrivit son admirable livre

1. Année Dominicaine X mai, p. 292.

« *De consideratione* », le B. Laurent s'efforça, par des lettres fréquentes et pleines de sagesse, d'instruire le nouvel archevêque de la dignité et des devoirs de l'épiscopat. Aussi lorsque son vénérable maître eut rendu le dernier soupir saint Antonin s'écria : « Je m'afflige moi-même et je pleure mon propre sort, car je ne recevrai plus de ces lettres si tendres, qu'il m'écrivait pour exciter mon zèle dans l'accomplissement des devoirs de la charge pastorale ».

« C'était vraiment chose admirable que de voir l'affectueuse et paternelle charité du B. Laurent, et l'humilité profonde de saint Antonin, qui abaissait avec une révérence toute filiale, sa science, sa maturité, sa prudence et sa sagesse devant les cheveux blanchis de son ancièn maître [1]. Un passage d'une lettre adressée par S. Antonin au B. Laurent, nous révèle avec quel soin ce dernier lui avait recommandé de régler, jusque dans les détails, le personnel de sa famille épiscopale. Il arrive souvent, écrivait-il, que les serviteurs des grands, spécialement quand il sont jeunes, mènent

1. Marchese. Cenni storici p. 17.

une vie déréglée, au grand scandale du public et au déshonneur de leurs maîtres ». Ces conseils fournirent à S. Antonin des arguments suffisants pour former un chapitre entier de sa chronique, portant ce titre : « Quales esse debeant domestici Pontificis ».

Laurent de Ripafratta ajoutait qu'il devait observer une grande réserve envers ceux qui fréquentaient son palais, l'engageant à ne recevoir les femmes et les enfants qu'en cas de nécessité. A cette lettre toute paternelle l'archevêque de Florence répond avec une simplicité filiale « que sa maison est entièrement composée de prêtres âgés de plus de vingt-cinq ans et de laïques qui, depuis longtemps, ont passé cet âge, qu'il ne recevait jamais de femmes ni d'enfants que par nécessité et dans des endroits publics, en vue de tous. »

Le commerce épistolaire entre le B. Laurent et S. Antonin devait être assez fréquent, ainsi que le fait observer le Père Marchese. Ce qui le lui fait présumer, ce sont trois lettres de l'archevêque de Florence, découvertes dans les archives de la cathédrale de Pistoie. Ces lettres, dit-il, nous montrent la haute estime de Mgr. Donat de Médicis, évêque de cette ville pour les conseils et les œuvres du B. Laurent de Ripafratta. Elles portent les dates du 10 novembre 1450 et du 18 septembre 1451. Marchese nous apprend que la troisième n'est pas datée. Il s'excuse de ne pas les publier parce « qu'elles contiennent des pages défectueuses, sans doute altérées par la main des adversaires de l'archevêque ».

Le B. Laurent termina sa longue carrière en donnant un dernier témoignage de son dévouement envers la Réforme. Les Religieuses du monastère de sainte-Lucie à Pistoie étant mortes successivement à l'exception de la sœur Niccolosa Belli, notre Saint, dont l'influence était grande dans la ville, n'eut pas de peine à enflammer le cœur de plusieurs jeunes filles et de les amener à se joindre à elle pour vivre selon la stricte observance Dominicaine [1].

« Les dernières années du B. Laurent s'écoulèrent à Pistoie. Le saint vieillard approchait de sa centième année ; il était épuisé par les fatigues, affaibli par les mortifications, malade d'un ulcère qui s'aggravait sensiblement.

---

1. P. Giuseppe Dondori, la Pietà di Pistoia.

La fin de sa vie fut, au dire de son biographe, laborieuse et paisible. Dieu lui donna des consolations très douces à son cœur. Ses disciples devenus par leurs vertus héroïques et leur génie, le modèle des générations futures, l'entouraient d'une tendre vénération. Un autre sujet de joie pour le B. Laurent était de voir la Réforme à laquelle il avait consacré sa vie, bénie de Dieu et des hommes, croissant, se propageant dans le monde et formant déjà deux Congrégations florissantes. La Réforme étendait d'un bout à l'autre de l'Italie ses rameaux féconds et comptait, avec une légitime fierté, au milieu de ses enfants, des savants et des saints. Il restait au B. Laurent, ainsi que le fait observer le Père Marchese, auquel nous empruntons ces dernières lignes, d'aller cueillir au paradis l'immortelle couronne que Dieu réserve à ses fidèles serviteurs. Parvenu au terme de son exil, il demanda toutes les consolations et les secours de la Religion. Il les reçut avec les sentiments d'une tendre piété, puis, se soulevant avec effort de son humble couche, il se tourna vers ses Frères qui l'entouraient, fondant en larmes, et il les exhorta avec des paroles vibrantes et pleines de feu à l'amour de Dieu, du prochain, à l'observance de leurs Constitutions. Il leur recommanda de se rendre pour le peuple, des modèles de sainteté et de se dévouer au salut des âmes pour lesquelles Jésus-Christ à répandu son sang précieux. Alors, avec la sérénité du juste qui sait avoir accompli fidèlement sa mission, il se reposa dans le Seigneur le 27 septembre de l'année 1457 [1].

Tel fut Laurent de Ripafratta, dont l'humble physionomie, environnée d'un nimbe lumineux apparaît cependant un peu voilée d'un ascétisme mélancolique et doux.

1. P. V. Marchese. Cenni storici, p. 18.

# CHAPITRE IX

## ÉLOGE DU B. LAURENT.

## TOMBEAU. — ICONOGRAPHIE.

## BÉATIFICATION.

La mort du B. Laurent excita des regrets universels. Elle fut un deuil de cœur pour ses fidèles disciples, formés par lui avec tant de sagesse et d'amour. Tous les cœurs s'unirent pour pleurer ce grand Religieux, si modeste et si doux. « Lorsque la fatale nouvelle parvint à Florence, S. Antonin ne put contenir sa douleur. C'est alors qu'il écrivit cette touchante et magnifique lettre à laquelle nous avons fait de si larges emprunts. Donnant un libre cours à son affliction, il trace du B. Laurent le plus bel éloge qui nous soit parvenu sur ce grand serviteur de Dieu [1] ».

---

1. P. V. Marchese Cenni storici, p. 20.

La lettre, adressée au Prieur et aux Religieux de saint Dominique de Pistoie débute ainsi : « à ses Bien-Aimés Frères dans le Christ... après force larmes... » La parole du très sage Salomon ; « la joie se mêlera à la douleur » se vérifie à la lettre dans la mort de notre bien-aimé et commun Père, Fr. Laurent de Ripafratta ; car, d'un côté, privés de sa douce présence, nous nous attristons ; mais de l'autre, comment ne pas nous réjouir, en pensant qu'il a quitté ce monde mauvais pour aller vers le Père de toute consolation ? oui, il faut nous réjouir avec lui, puisque, laissant cette vallée de larmes et de misères, il a été transporté dans le royaume divin de la lumière, et il a été couronné au-dessus de tous les cieux. Car, enfin, puisque nous croyons que le fruit des saints travaux se recueille dans la gloire, et que chacun est récompensé selon ses mérites, nous pouvons être certains que ce Bienheureux a reçu du Seigneur les bénédictions du ciel et une couronne de pierres précieuses... Réjouissons-nous donc et remercions Dieu, pour la récompense abondante que lui ont méritée dans le ciel de si utiles travaux.

« Mais, si nous parlons de nous-mêmes,

l'absence d'un si illustre Père va nous faire joindre nos larmes aux dernières expressions de notre joie. Je prends part, croyez-le, au deuil des Frères Prêcheurs, j'ai compassion de votre couvent privé d'un si excellent Père. A qui recourir maintenant pour avoir un conseil dans les doutes, un secours dans les nécessités, une lumière à l'heure de la tentation ? Oui, au milieu de ses larmes, votre couvent peut dire avec Jérémie : « Qui donnera de l'eau à ma tête et à mes yeux une source de larmes pour pleurer jour et nuit la perte de notre maître, de notre docteur, de notre Père ? » Et ! si c'est un acte de piété de féliciter Laurent de sa gloire, ce ne l'est pas moins de pleurer ensemble une si grande perte... Je veux pleurer aussi avec les habitants de Pistoie et mêler mes larmes à leurs larmes... !

« Dans cette lutte entre la joie et la tristesse, ouvrons la porte à l'espérance d'obtenir de Dieu, par son intercession, tout ce que nous désirons pour notre salut : parvenu au port du repos et du bonheur, un homme d'une pareille charité pourrait-il oublier ceux qu'il sait au milieu des flots de la mer orageuse de ce monde ? Mais pour obtenir par son intercession ce que nous désirons, secouons toute négligence, toute tiédeur, et, oubliant les choses du passé, à l'exemple de ces animaux mystérieux desquels il est écrit qu'ils ne revenaient jamais sur leurs pas, étendons nos efforts dans la carrière ouverte devant nous, c'est-à-dire vers la perfection de la vertu.

« Que nos mains ne se lassent pas de faire le bien ; la fatigue aura un terme, la récompense n'en aura pas ».

« S. Antonin, pour immortaliser la mémoire de son Maître, rendit encore un éclatant hommage à ses vertus dans la troisième partie de ses chroniques [1] ».

L'archevêque de Florence rapporte enfin que le B. Laurent « fut inhumé dans l'église des Frères Prêcheurs du couvent de saint Dominique de Pistoie, au milieu des témoignages de profonde vénération de la part du clergé et du peuple ».

« Les habitants de Pistoie, affligés de cette perte irréparable, résolurent d'élever à leurs

1. P. V. Marchese, Cenni storici, p. 20, Document I.

frais un monument attestant leur estime pour les vertus du Bienheureux. On construisit d'abord un tombeau, à gauche de la porte latérale, sur lequel il était représenté la chape étendue, comme pour montrer que, du haut du ciel, il couvrait de sa protection la ville qu'il avait édifiée par ses vertus et consolée par sa charité. Mais ce monument parut encore insuffisant aux habitants de Pistoie et indigne de leur reconnaissance. Deux siècles plus tard, pour témoigner d'une façon plus éclatante leur amour envers le B. Laurent, ils lui firent élever sous la chaire un nouveau sépulcre en marbre blanc [1] ». Ce monument, élevé de trois coudées, est construit en forme de soubassement et surmonté d'une statue du Bienheureux Laurent, antérieure au tombeau.

« Il est représenté couché, tenant sur sa poitrine un livre fermé. De chaque côté du sépulcre on voit un ange, portant l'inscription qui atteste à la fois la reconnaissance envers le B. Laurent et la vénération dont le peuple

1. P. V. Marchese, Cenni storici, p. 19.

de Pistoie entourait cette chère et sainte mémoire [2] . »

SEPULCRUM
Laurentio pisano ordinis Predicator. Sacerdoti venerando, summeque sanctitatis viro
Populus Pistoriensis tanquam de se benemerito publicis sumptibus faciendum curavit.
Obiit IIII Kal. octobris † MCCCCLVII° vixit amos LXXXXVIII°, menses VI, dies IV°.

L'iconographie chrétienne apporte son grave témoignage au culte du B. Laurent. « Les Dominicains de la Congrégation de saint Marc de Florence, ainsi que le rapporte le Père Marchese, désireux de conserver les traits chers et vénérés du B. Laurent, en chargèrent Fr. Bartolomeo della Porta, peintre de la même Congrégation. Celui-ci, dans un tableau de plus de deux bras, dessina et ombra en clair obscur notre Saint, entouré de rayons, et tenant un livre entre les mains. Ce tableau passa en France durant la dispersion des Ordres religieux, puis il fut rendu à la Toscane

---

2. Père Marchese, Cenni storici, p. 19.

et placé dans l'académie de dessin à Florence. Un autre tableau, d'un peintre assez remarquable est conservé dans la cellule de S. Antonin à Florence. »

Les reliques du B. Laurent sont vénérées à Pistoie, mais le couvent de sainte Catherine de Pise possède une partie de ses ossements. Ils ont été offerts par les Frères Prêcheurs de Pistoie le 31 août 1672 à la communauté dont il s'était toujours considéré comme le fils et demeurent depuis cette époque l'objet de la vénération publique.

Dieu n'avait pas tardé à révéler à l'Eglise la gloire de son fidèle serviteur. Son tombeau devint aussitôt après sa mort le théâtre de nombreux miracles qui nous sont rapportés par les auteurs les plus dignes de foi. Les documents relatifs à son culte ont été publiés dans le procès de la béatification, imprimé à Rome en 1851. Ils contiennent l'éloge du Bienheureux par les auteurs suivants, dont nous avons commenté les récits dans cette courte monographie : S. Antonin, Léandre Albert, Ambroise Tægius, Séraphin Razzi, Sylvanus Razzi, Michel Pio, Joseph Dandoni, Vincent Fontana, Dominique Marchese, Dominique Maccarani. Dominique Ponzi.... etc...

Le souvenir des vertus de Laurent de Ripafratta et le culte immémorial qui lui a été rendu, n'ayant subi aucune altération durant le cours des siècles, le Pape Pie IX l'approuva solennellement le 4 avril 1851. L'Ordre des Frères Prêcheurs célèbre publiquement la fête du Bienheureux Laurent de Ripafratta le 18 février.

---

(Ed^no Alinari) Monumento al B. Lorenzo da Ripafratta. — Chiesa di S. Domenico. — Pistoia (xv secolo).

# DOCUMENTS

# DOCUMENTO I

S. ANTONINI ARCHIEPISC. FLORENTINI.

CHRONIC. PARS III, TIT XXIII, CAP X § V.

Anno Domini 1457 in conventu Pistoriensi Sancti Dominici migravit ad Dominum quidam venerabilis religiosus, Frater Laurentius nomine, Ripafracta castro Pisano oriundus, octogenarius et ultra. Hic vir simplex, et rectus, timens Deum, et recedens a malo, anno ætatis suæ vigesimo vel circa ex diacono sæculari ingressus est Ordinem Prædicatorum, per sexaginta annos desudans in dominica vinea ad excolendum eam. Norma sanctitatis fuit iste, speculum puditiæ, zelator et observator ad unguem vitæ regularis, obedientiæ filius, humilitatis alumnus, Domino et hominibus dilectus. Nullus in Ordine eo pauperior, nullus tam mundi contemptor, in divinis officiis diurnis pariterque nocturnis sedulior aut devotior, aliis clemens et pius, sibi austerus, in adversis patientissimus ; qui et infirmitatem tibiæ ulcerosæ per plurimos annos sustinuit assidue. Hic armarium fuit sacrarum literarum. In prædicatione non curiosus, sed utilis et copiosus. In audientia confessionum etiam tempore pestis ita indefesse laboriosus, ut nullus ei adaquaretur. Quem enim morbo infectum Pistoriensium, vel Fabrianensium, et circumiacentium locorum in confessione non audivit ? Demum ad extremum vitæ perveniens, sumptis devote ecclesiasticis Sacramentis, et exhortatis coram positis fratribus, in Domino obdormivit ; sepultus in ecclesia dicti conventus cum veneratione maxima totius cleri et populi. Qui post mortem miraculis dicitur clarere. Huius sanctam conversationem in Domino familiariter cognovit.

# DOCUMENT II

» Ai carissimi in Cristo, il Priore e Frati del Con-
» vento Pistolese dell'Ordine de'Predicatori, Frate
» Antonio gia dello stesso Ordine, et hora Arcives-
» covo di Frienze, benche indegno.

» Salute e Consolazione dopo il pianto.

» Quello che dice il sapientissimo Salomo-
» ne « *il riso si mescolerà col dolore* » pare
» che adempiuto si sia nella morte della beata
» memoria del diletissimo padre comune Fra
» Lorenzo da Ripafratta. Imperocchè da una
» banda, restando privi della sua gratissima
» presenza dobbiamo dolerci : ma dall'altra,
» essendo egli passato da questo malvagio
» mondo al padre d'ogni consolazione ci som-
» ministra materia di riso. Con esso dico biso-

» gna rallegrarsi, che partito da questa valle
» di miserie e di tenebre è stato traslatato
» nel lume e regno divino, ed è asceso coro-
» nato sopra tutti i Cieli. Imperocchè siamo
» certi, se crediamo che delle sante fatiche sia
» glorioso il frutto, e che ciascuno secondo le
» sue riceva la mercede, che questo Beato ha
» ricevuta dal Signore la benedizione nelle
» cose celesti ed una corona di pietre preziose.
» Conciossiacosachè dall'ora prima nella vi-
» gna del Signore, insino alla dodicesima, cioè
» dall'adolescenza sua infino all'età decrepita,
» ha virilmente lavorato, sopportando innume-
» rabili fatiche senza mai stancarsi, anzi con
» somma letizia e giocondità per amore del Si-
» gnore. Imperocchè se de'poveri è il regno
» de'Cieli, chi è stato più povero del B.
» Lorenzo con l'affetto e con l'effetto? chi di lui
» più umile? chi in se stesso più abietto, sebbene
» dagli altri in somma reverenza avuto? Se i
» mansueti posseggono la terra de'viventi, quale
» agnello è così mansueto quando è offerto in
» sacrifizio come questo Beato nel'opere e nel
» parlare? Se i mondi di cuore veggiono fac-
» cia a faccia Dio, chi fu mai più di questo
» Beato, puro d'animo e di corpo? Il quale tra
» le pungenti spine de'lusinghevoli piaceri

» assiduamente nell'udienza delle confessioni
» conversando, si mantenne illibato. Se casti-
» ga S. Paolo il corpo suo e lo riduce in ser-
» vitù dello spirito, acciocchè contro il Signore
» non ricalcitri, crucifigge Lorenzo la carne
» sua con la parcità del mangiare e del bere
» più che la sanità non comporta, abbrac-
» ciando i lunghi digiuni dell'Ordine, e le con-
» tinue vigilie e varie austerità, e parimente
» avendo tutte le delizie e sensualità in orro-
» re. Fu dato a S. Paolo lo stimolo dell'infer-
» mità corporale, acciocchè la sua virtù si
» facesse in essa infermità più perfetta ; ed a
» Lorenzo per accrescimento di merito fu dato
» per molto tempo infermità in una gamba.
» Dicesi S Paolo *vaso di elezione,* perchè è un
» armario delle Sacre Lettere ; e questo Bea-
» to meditava nella Legge del Signore giorno
» e notte, molti oscuri passi e secreti misterii
» delle Sacre Scritture penetrando. Dell'intensa
» et estensa sua carità favellare, pare che
» sia superfluo. Imperocchè sanno tutti
» coloro, i quali seco sono conversati, che
» nel rendere a Dio le dovute laudi, nel cele-
» brare divotamente il santo Sacrificio, e
» nell'amministrare le altre cose sacre, niuno
» nell'età sua è stato più di lui assiduo, gio-

» condo ed infatigabile. Predicano i Pistolesi
» la carità di lui verso il prossimo, ne ragio-
» nano con lode i popoli di Fabriano, e gli al-
» tri, dove per ubbidienza ha conversato ; per-
» ciocchè quando una certa pestilenza crudele
» induceva tanta mortalità sopra la terra,
» quale infermo non fu da lui visitato ? Quante
» volte di giorno e di notte si espose a peri-
» colo di contagione mortifera ? Dicanlo i Pis-
» tolesi, e ne facciano testimonianza. La legge
» della verità fu nella sua bocca per predicare,
» e non per adulterare il verbo di Dio. Da che
» seguì : ch'egli molti con i suoi ammaestra-
» menti e consigli ritirò dalla via d'iniquità. E
» chi giammai da questo Padre si partì scon-
» solato ? Esultiamo adunque per la copiosa
» mercede, che ha di tante sue sì fruttuose
» fatiche in Cielo, e ringraziamo Dio. Ma gli
» estremi di questa letizia, se rivoltiamo lo
» stile a noi stessi, per l'assenza di un tanto
» Padre, sono dal pianto occupati. Mi condo-
» glio adunque con l'Ordine dei Predicatori,
» donde è stato colto questo giglio odorifero
» di buona fama ; il quale invero è stato uno
» specchio di santità, esempio di religione,
» altezza di vita regolare, titolo di pudicizia,
» norma di virtù. splendore di pazienza, forma

» di studio, più le cose utili che le sottili e
» curiose raccogliendo, vessillo di perseve-
» ranza e face ardente di carità. Ho compas-
» sione ancora al convento vostro, rimasto
» privo di così pietoso Padre. A chi ora ricor-
» rerete voi per consiglio nelle cose dubbiose,
» per aiuto nelle necessità, per documenti nelle
» tentazioni? Meritamente piangendo può dire
» il convento vostro con Geremia : » chi darà
» acqua al mio capo, ed agli occhi un fonte di
» lacrime per pianger giorno e notte l'esserne
» stato tolto il Maestro, Dottore e Padre nos-
» tro? » Imperocchè se pia cosa è rallegrarsi
» con Lorenzo della sua gloria, è cosa pia
» altresì condolerci tra noi della sua perdita.
» Similmente con gli stessi Pistolesi pian-
» genti, piango e verso lacrime io ancora, seb-
» bene sopra un carro di fuoco è quegli stato
» in Cielo rapito, il quale era di quel popolo
» carro e cocchiere. Quanti per le sue parole
» ed esempii dalla voragine dell'inferno e
» sentina dei vizii alla rocca delle virtù sono
» stati condotti ! Quanti discordanti pacificati
» quante liti tolte via, quanti scandali rimos-
» si ! perciocchè niuno ardiva di resistere
» alla sapienza e spirito divino, che per la sua
» bocca favellava. Onde non meno il popolo

*

» che il clero dee piangere, nè meno questi » che quelli devono lamentarsi, conciossiacosa » chè, niuno tanto il clero aiutasse, quanto » questo buon Padre nell'amministrare i Sacra- » menti, visitare gl'infermi ed aiutargli nelle » loro necessità. E finalmente mi doglio e mi » contristo meco medesimo, non aspettando » più delle sue soavi lettere, con le quali mi » eccitava all'esecuzione del zelo pastorale. » Fra questo combattimento adunque del » pianto e dell'allegrezza, entri la speranza nos- » tra di ottenere per la sua intercessione » quanto da Dio in salute desideriamo ; impe- » rocchè non si deve pensare, che un uomo » di tanta carità pervenuto al porto di quiete » e felecità sia per scordarsi di noi, i quali sa » che siamo in mezzo a i flutti di questo mare » tempestoso del mondo. Ed acciocchè possia- » mo ottenere per suo mezzo quanto deside- » riamo, scacciando da noi ogni negligenza e » freddezza, andiamo imitando le sue sante ves- » tigia, e dimenticandoci di quelle cose che » ci sono dietro, a esempio di quegli animali » che non ritornano al luogo lasciato, nelle » cose che ci sono davanti, cioè alla perfe- » zione delle virtù estendiamoci. E non cessi » la mano nostra di bene operare ; percioc-

» chè le fatiche hanno ad aver fine, e la mer-
» cede è senza fine. State sani e pregate Dio
» per me.

» Di Fiorenza il dì primo d'Ottobre 1457. »

# NOTES BIBLIOGRAPHIQUES

*Acta Capitulorum*, Generalium Ord., Præd. (Ed. Reichert), Rome, 1898-1900.

*Acta Sanctorum.*

*Baillet*, Les vies des Saints et l'histoire des Fêtes de l'année, Paris, 1724, 4 vol. in-fol.

*Balme.* Cartulaire, Histoire diplomatique de S. Dominique, Paris, 1897-1901, 3 vol. in-8.

*Berthier* (R. P. J.), Une page d'art chrétien, Fribourg 1893, 1 vol. in-4.

*Bournand*, Histoire de l'art chrétien, Paris, 2 vol. in-4.

*Capecelatro*, Histoire de sainte Catherine de Sienne, Paris 1863, 1 vol. in-8.

*Cappelletti*, Le chiese d'Italia, Vinegia 1844, 2 vol. in-4.

*Castiglio*, Historia generale di san Domenico e dell'Ordine suo, Venitia 1881, 2 vol. in-fol.

*Cavalieri* (Michele), Galleria de'sommi Pontefici ... dell'Ordine dei Predicatori, Bénévent 1696, 2 vol. in-4.

*Choisy* (abbé de), Histoire de l'Eglise, Paris, 1721, 11 vol. in-4.

*Cormier* (Rissime P. Hyacinthe), Le B. Raymond de Capoue, Rome, 1899, 1 vol. in-8.

*Dandori*, Della pietà di Pistoja, Pistoja 1666.

*Fontana*, Sacrum Theatrum Dominicanum, Romæ, 1663, 1 vol. in-fol.

*Fabbrini*, Vita del B. Pietro Capucci, Sienne, 1893, 1 vol. in-8.

*Flamma*, (Fr. Galvagni), Chronica, Ord. Præd, Romæ 1897, 1 vol. in-4.

*Humbert de Romans*, Opera de vita regulari, Rome, 1899. 2 vol. in-4.

*Leandri Alberti*, De viris illustribus Ordinis Prædicatorum, 1688, in-8.

*Lecoy de la Marche*, La peinture religieuse, Paris, 1 vol. in-4.

*Maccarani* (Dominico), Viva di Sant Antonio, Firenze 1708, 1 vol. in-4.

*Mamachi*, Annalium Ord. Præd., Romæ 1756, 2 vol. in-fol.

*Marchese*, Sacro Diario Dominicano, Napoli, 1668, 6 vol. in-fol.

*Marchese* (Vincenzio), Memorie dei piu insigni pittori, scultori e architetti Domenicani, Florence, 1845, 2 vol. in-12.

*Marchese* (Vincenzio) Cenni storici del B. Lorenzo da Ripafratta, Firenze, 1851, in-12.

*Martène*, Veterum scriptorum et monumentum, Paris, 1724-1733, 9 vol. in-fol.

*Martene*, Tesaur, nov. anecdot, Paris, 1717, 5 vol. in-fol.

*Masetti*, Monumenta et antiquitates veter, discip. Ord. Præd., Romæ 1864.

*Michaele*, Della nob. e gener. progenie del S. P. Domenico in Italia, Padova, 1613.

*Montalembert*, Du Vandalisme et du Catholicisme dans l'art, Paris, 1838.

*Moroni* (Gaetano), Dizionario di erudizione storico-ecclesiastica, Vinegia, 1851, 103 vol. in-8.

*Mortier* (R. P.), Histoire des Maitres Généraux de l'Ordre des Frères Prêcheurs, Paris, 1903-1905-1906, 3 vol. in-4.

*Muratori*, Rerum Italicarum scriptores, Milan, 1723-51 29 vol. in-fol.

*Pio* (Michele), Delle vite degli uomini illustri dell'Ordine di San Domenico, Bologne 1607.

*Ponzi*, Sacro diario Domenicano, vite dei santi dell'Ordine di San Domenico, Brescia, 16 vol. in-12.

*Quetif et Echard*, Scriptores Ord. Præd., Paris, 1719-1721, 2 vol. in-fol.

*Razzi* (Serafini), Vita dei santi e beati dell'Ord. dè Predicatori, Firenze, 1577.

*Razzi* (Albas Sylvanus), Vite dei santi e beati Toscani, Firenze, 1593.

*Rio*, De l'art chrétien, Paris, 1841, 2 vol. in-8.

*Rohault de Fleury* (Georges), La Toscane au moyen-âge, Paris, 1874, 2 vol. in-4.

*Rohault de Fleury*, Toscana Domenicana, mms. inédits.

*Sainati* (Guiseppe), Vite dei santi, beati e servi di Dio nati nella diocesi Pisana, Pisa, 1884, 1 vol. in-4.

*Sismondi*, Histoire des Républiques italiennes au moyen-âge, Paris, 1840, 10 vol. in-8.

*Souèges*, L'année dominicaine ou les vies des Saints de l'Ordre de saint Dominique, Amiens, 1686, in-8.

*Souèges*, L'année dominicaine (nouvelle édition).

*Sponde*, Annales ecclésiastiques, Paris 1641, in-fol.

*Touron*, Histoire des hommes illustres de l'Ordre de Saint-Dominique, Paris, 1743, 6 vol. in-4.

*Ughelli*, Italia sacra, Romæ 1643-1662, 9 vol. in-fol.

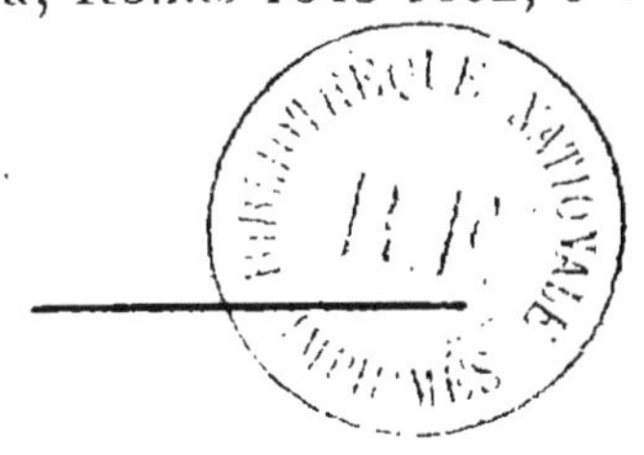

# TABLE DES MATIÈRES

CHAPITRE VII



CHAPITRE VIII



CHAPITRE IX

BAR-LE-DUC. — IMPRIMERIE Vve ÉMILE COLLOT.

www.ingramcontent.com/pod-product-compliance
Ingram Content Group UK Ltd.
Pitfield, Milton Keynes, MK11 3LW, UK
UKHW022030170726
13837UKWH00002B/512